MESSAGERS DE LA
SAINTETÉ
Histoires de missionnaires africains

MESSAGERS DE LA
SAINTETÉ
Histoires de missionnaires africains

Amy Crofford
et
Brad Crofford

Mission nazaréenne internationale

ISBN 978-1-56344-813-3

Conception de la couverture : Juan Fernandez
Maquette : Darryl Bennett
Traducteur : Benôit Bergerat

Sauf indication contraire, toutes les citations bib-liques sont tirées de la Nouvelle Édition de Genève (1979) de la version Louis Segond dont les droits sont administrés par la Société Biblique de Genève.

DÉDICACE

À Paul et Carolyn Wheelock
et
à tous les bénévoles nazaréens retraités qui
agissent autour du monde.

REMERCIEMENTS

Les ouvrages suivants furent très appréciés lors de l'écriture de ce livre et nous les recommandons à tous :

Living Stones, Standing Stones, and *African Mosaic,* trois volumes de recueils biographiques sur les nazaréens d'Afrique par Paul Dayhoff ;

Out of Africa, le périodique régional de l'Église du Nazaréen en Afrique ;

Engage magazine (engagemagazine.com) dont Gina Pottenger est la rédactrice.

AU SUJET DES AUTEURS

Amy Crofford est missionnaire et écrivain. Ses missions l'on conduite en France, en Côte d'Ivoire, au Bénin, en Haïti, au Kenya et en Afrique du Sud. Elle se souvient qu'à son plus jeune âge, c'était en poussette qu'on la raccompagnait chez elle de la poste où elle avait porté des colis pour les envoyer à des missionnaires. Petite fille, elle ne manquait pas de lire tous les livres de la MNI portant sur la mission. Amy a écrit trois autres livres missionnaires de la MNI pour adultes et trois autres destinés aux enfants, dont un co-écrit avec Brad. Amy est également l'auteure d'un livre électronique pour les lecteurs d'âge primaire, *A Rifle for Reed*, disponible en format Kindle qui raconte l'histoire d'un garçon confronté à des choix difficiles en l'an 1851.

Brad Crofford est écrivain et vit aux États-Unis d'Amérique dans la région du Midwest. Ses articles et critiques littéraires ont été publiées à maintes occasions dans le monde entier. Il est co-auteur de *Aunts and Uncles Everywhere*, un livre missionnaire de la MNI destiné aux enfants publié en 2009. Son parcours en tant qu'enfant dans une famille missionnaire l'a amené à vivre en France, en Côté d'Ivoire, au Bénin et en Haïti. Brad est titulaire d'une maîtrise en études internationales de l'Université de l'Oklahoma (États-Unis) et d'une licence de la Southern Nazarene University (États-Unis). Il est le fils de Amy et Greg Crofford.

INTRODUCTION

«Jamais nous ne reculerons quant à notre appel à répandre la sainteté biblique. Le message de la sainteté est essentiel! Ce message transforme, forme et libère!»: c'est la conviction de Filimao Chambo , directeur nazaréen pour la région de l'Afrique.

«Qu'est-ce que le message de la sainteté? Chambo poursuit: Dieu invite l'ensemble de son peuple à s'engager dans une relation d'alliance avec lui, ce qui rend ce peuple capable de répondre à sa grâce qui pardonne et qui sanctifie. En Jésus-Christ, Dieu nous a donné tout ce dont nous avons besoin pour vivre dans la piété. Cet amour et cette grâce sont extraordinaires!

«L'être humain ne peut se libérer lui-même de la puissance du péché mais par Jésus-Christ, tout un chacun peut connaître une vie nouvelle et prendre part à la nature divine. En Christ et en lui seul, notre vie peut être transformée!

«Comment peut-on répondre à la grâce et à l'amour de Dieu sans d'abord prendre connaissance de cette vérité puissante et libératrice? Partout, les gens cherchent une personne qui puisse les sauver. Souvent, ils connaissent la grâce qui pardonne mais savent peu de choses concernant la grâce qui transforme, cette grâce qui libère du péché et de l'oppression. Le message du plein salut transforme et forme. Ce message permet aux personnes de répondre pleinement à la grâce de Dieu. Cette grâce les rend alors capables de se soumettre à la direction de Dieu pour devenir son peuple qui le représente dans ce monde. Ceux qui autrefois n'étaient pas le peuple de Dieu sont désormais un peuple divin, un témoignage de sa grâce qui sanctifie par sa miséricorde et par sa grâce.

« C'est pourquoi nous qui sommes dans la lumière, son peuple formé à son image, sommes également appelés à le suivre et à prendre part à l'action rédemptrice du Seigneur dans ce monde. Cela implique également de partager avec tous la sainteté biblique, la connaissance de Dieu et sa grâce qui sanctifie.

« Le message doit être entendu en minimisant les connotations culturelles autant que possible. Le proverbe dit : « Le porridge africain doit être bu dans une calebasse africaine. » Ainsi si l'église désire prospérer, il faut nécessairement que des jeunes hommes et des jeunes femmes d'Afrique soient pleinement engagés dans l'action missionnaire. Les communautés africaines ont besoin d'entendre le salut et la sanctification prêchés en leur sein. »

—Wellington Obotte, missionnaire kenyan dans le champ d'Afrique centrale

Pour les nazaréens du continent africain, le message de la sainteté n'a jamais été quelque chose de privé.

« Nous remercions Dieu pour un demi-million de membres de l'Église du Nazaréen en Afrique. Nous saluons les missionnaires du monde entier qui se sont engagés et ont consenti à de nombreux sacrifices pour le développement de l'église en Afrique, écrit Samantha Chambo dans le magazine *Engage*. Cependant, la plupart de ces membres ont été amenés dans l'église par des hommes et des femmes fidèles dont l'amour est vaste, à la mesure de ce qui leur a été pardonné

(Luc 7.44-47). Pour ces hommes et ces femmes, faire partie de l'église signifie partager la mission du Christ.»

Dès le départ, les nazaréens du continent africain ont traversé les frontières avec courage et appris de nouvelles langues pour partager le message du Christ avec leur prochain, que celui-ci soit loin ou proche. Même lorsque les laïcs déménagent dans un nouveau pays, ils prévoient de partager ce message.

Dans de nombreuses nations, l'Église du Nazaréen a été établie par des missionnaires africains qui travaillaient soit seuls, soit en coopération avec des missionnaires provenant d'autres régions du monde.

En 1959 Charles H. Strickland, surintendant général, écrivit[1] : «Je priais que la conscience du besoin urgent de prêcher le message de la sainteté, en dépit de tous les obstacles, ne soit pas perdu : que les déserts, les montagnes et les rivières ne découragent jamais les *messagers de la sainteté* que Dieu avait choisis.»

Le présent livre évoque la vie des Africains qui ont été messagers de la sainteté en Afrique et au-delà, célèbre les missionnaires africains du temps présent et imagine l'avenir avec ceux que Dieu appelle aujourd'hui à agir dans la mission.

---

1 Dans son livre intitulé *African Adventure*.

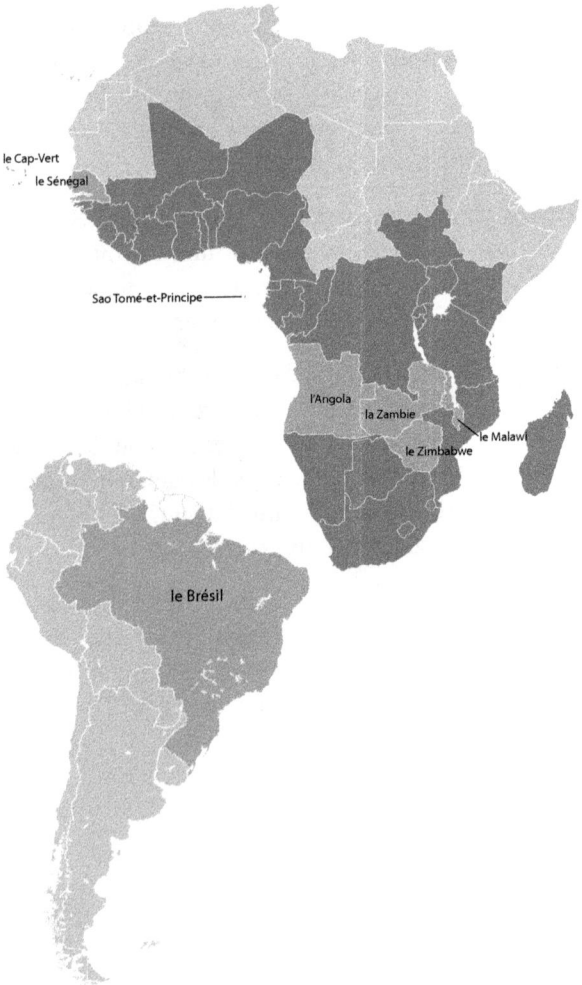

le Cap-Vert
le Sénégal

Sao Tomé-et-Principe

l'Angola
la Zambie
le Malawi
le Zimbabwe

le Brésil

Chapitre 1
PETITES ÎLES, GRANDS EFFETS

Nul besoin d'être riche pour partager.
—Proverbe du Bénin

João José Dias était au beau milieu de son sermon dominical lorsqu'il entendit plusieurs voix. D'abord ici. Puis là. D'abord lointaines puis de plus en plus fortes. Après quelques instants, le pasteur réalisa que son petit poste missionnaire était encerclé !

« Une grande foule encerclait notre mission faisant tant de bruit qu'il était impossible de continuer le culte, raconte-t-il. La multitude était furieuse et nous avions peur qu'ils nous tuent avec des bâtons, des pierres et des couteaux. À deux reprises, nous avons appelé le chef de la police pour qu'il vienne à notre aide. Il était presque impossible de contenir les attaquants qui étaient plus de 500. »

Cela faisait à peine un an que João prêchait le message de la sainteté de l'Église du Nazaréen.

João a été le premier missionnaire nazaréen présent au Cap-Vert. Situé à environ 500 kilomètres à l'ouest du continent africain, le Cap-Vert (aussi appelé Cabo Verde) est un archipel de l'océan atlantique composé de dix îles et d'une superficie totale de 4 000 km2.

Originaire du Cap-Vert, João avait navigué jusqu'aux États-Unis à la fin du dix-neuvième siècle alors qu'il n'avait que 16 ans. Initialement élevé dans l'église catholique, João s'était tourné vers le protestantisme après avoir participé à plusieurs cultes dans l'état américain du Massachusetts.

C'est dans un mission de l'état du Rhode Island que João donne sa vie à Dieu qui l'appelle alors à partager l'Évangile dans son pays d'origine, le Cap-Vert. Alors qu'il prépare son retour au pays, le jeune homme commence à témoigner de sa foi autour de lui, amenant son père au Christ et s'engageant toujours plus dans l'action de l'église.

En février 1901, João embarque avec quelques frères dans la foi pour se rendre au Cap-Vert, ayant reçu la promesse d'un modeste soutien financier de l'Association des églises pentecôtistes d'Amérique (association qui fusionnera avec l'Église du Nazaréen six ans plus tard).

Dès le début, la mission au Cap-Vert est marquée par des difficultés. En voyage, une infiltration d'eau affecte le navire, obligeant les voyageurs à pomper de l'eau hors de la coque 16 jours durant. Une fois arrivés, João et ses compagnons font régulièrement face à une opposition farouche lors de leurs prédications, les foules se liguant parfois contre eux comme ce fut le cas durant la première année de leur ministère.

En fait, il arrivait régulièrement que João soit bousculé, qu'on lui jette des pierres ou même qu'on le batte jusqu'à ce qu'il perde connaissance à cause de sa prédication de l'Évangile. Ses compatriotes ne comprenaient pas les croyances qu'il avait introduites dans le pays lors de son retour. Même les membres de sa propre famille faisaient courir des rumeurs, affirmant qu'il communiquait avec le diable.

João fut emprisonné à quatre reprises mais même ces situations se changeaient en occasions de témoigner de l'Évangile. Au grand étonnement des personnes qu'il rencontrait, João adorait continuellement son Dieu et chantait de joyeux chants de louange, dont certains sont encore de nos jours des chants appréciés par les membres de l'église du Cap-Vert.

João n'était pas le seul à faire face au danger. Les personnes qui suivaient son enseignement étaient régulièrement fouettées et humiliées. Certaines d'entre elles furent marquées à vie par les sévices qu'elles durent subir.

Mais l'église demeurait forte. Malgré ces persécutions et ces dangers, les assemblées du Cap-Vert se développaient. En 1916, les nazaréens étaient au nombre de 87. Dans les années 1950, plusieurs missionnaires originaires du Cap-Vert jouèrent un rôle important dans la propagation du message de la sainteté autour du monde.

L'expansion brésilienne

Un homme originaire du Cap-Vert s'était engagé dans un autre pays qui allait connaître une croissance rapide et spectaculaire grâce aux efforts missionnaires des nazaréens d'Afrique: le Brésil.

Les premiers missionnaires nazaréens, Gladys et Earl Mosteller, arrivèrent au Brésil en 1957. À peine deux années plus tard, le premier culte de l'Église du Nazaréen du Brésil fut célébré durant la semaine de Pâques dans la maison d'Elvin Stegmoller, un nazaréen qui travaillait pour la compagnie LeTourneau-Westinghouse. Dix-neuf personnes étaient présentes lors du premier culte mais quelques semaines plus tard, l'assemblée comptait déjà 40 membres.

Lorsque la petite assemblée décida qu'il lui fallait un pasteur de langue portugaise, les membres s'adressèrent à Joaquin Lima, un pasteur originaire du Cap-Vert qui vivait à Buenos Aires avec son épouse.

Dès 1961, c'est-à-dire deux ans seulement après la célébration du premier culte nazaréen au Brésil, le pays comptait pas moins de 23 églises et points de prédication, dont trois églises non subventionnées.

Joaquin assuma diverses responsabilités au Brésil. De 1968 à 1974, il fut pasteur de l'église du Nazaréen centrale de Campinas, l'une des assemblées nazaréennes les plus grandes du monde. (Selon les statistiques officielles de l'Église du Nazaréen de l'année 2014, cette église était celle qui comptait le plus grand nombre de membres et occupait la troisième place quant au nombre de participants au cultes hebdomadaires.)

Il est remarquable qu'un pays d'une aussi petite superficie que le Cap-Vert joue un rôle aussi important dans un grand pays comme le Brésil. Après tout, la superficie du Brésil représente 2 000 fois celle du petit archipel. D'autant plus qu'en 1960, le Brésil comptait 72 millions d'habitants, plus de 340 fois le nombre d'habitants du Cap-Vert !

Malgré cela, tout comme il l'avait fait en envoyant David affronter un géant ou en envoyant le sauveur du monde dans le petit village de Bethléhem, au Brésil Dieu a montré qu'il regardait à la fidélité plutôt qu'à la taille et à l'obéissance plutôt qu'aux origines.

À l'est vers l'Afrique

Le Brésil n'a pas été la seule destination des missionnaires cap-verdiens. La famille Lima faisait partie d'un mouvement plus large.

Selon Eugénio Duarte, surintendant général nazaréen, «durant la deuxième moitié du vingtième siècle, l'église a vu émerger une nouvelle phase de son histoire pendant laquelle des générations de Cap-Verdiens décidèrent de quitter leur pays motivés par leur «vocation céleste» plutôt que par les «sirènes de l'immigration»».

Tandis que la famille Lima œuvrait à l'ouest dans leur ministère au Brésil, le pasteur Gilberto Sabino Évora et son épouse Clarisse, eux, étaient appelés à plusieurs centaines de kilomètres à l'est et devenaient les premiers missionnaires nazaréens à Dakar au Sénégal, sur le continent africain.

Gilberto a accepté le Seigneur dans une église du Nazaréen à l'âge de 23 ans puis a connu la sanctification à 26 ans. En 1954, alors que le pasteur Évora est encore étudiant en institut biblique, il assiste à l'assemblée de son district. C'est là que Mario Lopez, un nazaréen vivant au Sénégal, lui donne un Nouveau Testament en lui disant: «Jeune homme, j'espère et je crois qu'un jour, vous utiliserez ce Nouveau Testament à Dakar.»

Après ses études à l'institut biblique, Gilberto devient pasteur puis surintendant de district au Cap-Vert mais le Sénégal allait revenir dans sa vie par le biais d'un autre cadeau.

Dans les années 1970, un pasteur cap-verdien vivant en France donne à Gilberto un recueil d'hymnes en langue française. Ce pasteur lui dit alors : « Je crois qu'un jour, vous utiliserez ce recueil de chants en français dans votre ministère. »

Mario Lopez et ce pasteur cap-verdien avaient tous les deux raison.

Des années plus tard, durant l'assemblée générale de 1985 à Anaheim en Californie, Gilberto reçoit une vision qui lui inspire l'écriture du poème suivant :

J'ai fait cette vision.
J'ai vu l'Afrique en pleurs.
J'ai vu l'Afrique frappée par la sécheresse.
J'ai vu l'Afrique en souffrance.
J'ai vu l'Afrique et sa noirceur,
Pas la noirceur de la peau,
Ni la noirceur du climat,
Mais la noirceur du cœur humain !
Cependant, j'ai également vu Dieu aimer l'Afrique et
poser sa main sur elle.
Et j'ai entendu les Africains qui ne connaissent pas
l'Église du Nazaréen demander la sainteté.

Par la suite, Gilberto prêche et apporte son témoignage dans de nombreux pays d'Afrique, notamment au Burkina Faso, au Tchad, en Guinée-Bissau, au Mozambique, au Sénégal, en Afrique du Sud ainsi qu'au Swaziland. En 1988, il commence l'étude de la langue française avec sa famille pour se préparer au travail missionnaire. Plus de 30 ans après la prédiction selon laquelle il utiliserait un Nouveau Testament en français à Dakar, Gilberto Évora prêchait finalement l'Évangile au Sénégal.

La famille Évora a traversé de dures épreuves au cours de son ministère. À une occasion, Gilberto se retrouva hospitalisé, l'amputation de sa jambe étant envisagée. Nina Gunter lui assura que de nombreux chrétiens priaient pour lui. Dieu entendit ces prières : Gilberto fut guéri et l'opération annulée.

Les graines plantées par la famille Évora portent encore aujourd'hui du fruit. Par exemple, la première personne qu'il baptisa s'appelait Antero Fontes. Le pasteur Fontes est maintenant l'un des directeurs de l'Institut théologique nazaréen (ITN) qui a pour mission la formation théologique des pasteurs des champs d'Afrique de l'ouest et d'Afrique centrale.

À l'occasion de son baptême, Fontes partagea ce témoignage : « J'ai appris que notre mission ne se limite pas à dire aux gens que « Dieu est amour » mais aussi « Dieu a tant aimé le monde ». Nous devons nous aimer les uns les autres sans divisions entre les races. Dieu aime toute l'humanité, toutes les races, les tribus et les nations. »

Lorsque Gilberto Évora prit sa retraite en 1994, il écrivit : « Là-bas au Sénégal se trouvent mon cœur, mes larmes et mes prières. »

L'admirateur devient missionnaire à son tour

Alors que certains missionnaires, comme Gilberto, rencontrent le Christ à un âge plus avancé, d'autres sont élevés dans l'église et rencontrent des missionnaires dès leur plus jeune âge.

C'est le cas de Daniel Monteiro. Lorsqu'il était enfant, Daniel considérait que les missionnaires étaient de véritables héros du fait de la manière dont ses parents parlaient d'eux autour de la table familiale.

Dans sa jeunesse, il devient président d'un groupe de croyants qui animent un café chrétien. Ce ministère est fondé sur l'idée que si le but est de faire connaître le Christ au Cap-Vert, il faut commencer par sa propre ville.

Après huit années de pastorat, la prédication d'un missionnaire transforme la vie de Daniel. Le missionnaire affirme alors que les Cap-Verdiens ont la responsabilité d'annoncer l'Évangile dans le reste de l'Afrique.

«Dans une certaine mesure, c'était pour moi quelque chose de nouveau. Avec mon épouse, j'avais fait connaître l'action de la société missionnaire dans mon église, encourageant mes frères et sœurs dans la foi à soutenir cette œuvre et affirmant même que Dieu appelait des jeunes à devenir missionnaires. Je n'avais tout simplement jamais pensé que je pourrais aussi moi-même être appelé» raconte Monteiro.

Bien qu'il ait grandi en admirant les missionnaires, Daniel n'avait jamais pensé qu'il pourrait lui-même en devenir un. Et pourtant, Dieu l'appelait désormais à suivre cette voie. Il répondit à cet appel quatre ans plus tard. En septembre 1991, Daniel et sa femme, Filomena, sont mandatés pour partir soit à São Tomé-et-Príncipe (une île située au large du Gabon dans l'océan Atlantique), soit en Angola.

La famille Monteiro est alors une famille africaine envoyée en mission mais de surcroît, cette famille est aussi en partie envoyée par des Africains. En effet, lors de la première assemblée du district de Côte d'Ivoire qui a lieu en novembre 1991, les participants collectent une offrande au bénéfice des Monteiro.

La famille Monteiro est d'abord envoyée en Angola en 1992. Mais lorsque la guerre civile éclate, ils doivent être évacués. Loin d'être découragés, ils continuent leur ministère au Mozambique où Daniel devient surintendant du district nord (aujourd'hui appelé district Nampula-est du Mozambique). En mars 1998, ils sont les premiers à établir l'Église du Nazaréen à São Tomé-et-Príncipe où ils créent l'émission de radio intitulée *A Hora Nazarena* avec pour but de proclamer l'Évangile et de faire connaître les principes de l'Église du Nazaréen.

L'action de la famille Monteiro les amènera à voyager sur de très longues distances. Par exemple, 7 574 kilomètres séparent la capitale du Mozambique (Maputo) de la capitale du Cap-Vert (Praia), c'est 68 kilomètres de plus que la distance qui sépare New York de Moscou. Parfois, il semble que «les extrémités de la terre» (mentionnées en Actes 1.8) se trouvent sur un seul et même continent !

Jusqu'aux plus hautes responsabilités

Dieu a non seulement appelé des Cap-Verdiens à le servir «jusqu'aux extrémités de la terre» mais il a également appelé un ressortissant de cet archipel à occuper les plus hautes responsabilités de la dénomination. Eugénio Duarte est non seulement le premier Africain à occuper les fonctions de coordinateur de la stratégie de champ et de directeur régional pour l'Afrique mais il est également le premier Africain à devenir surintendant général de l'Église du Nazaréen.

Dr. Eugénio Duarte

Eugénio a accepté le Christ à l'âge de 12 ans et a connu la sanctification à 17 ans alors qu'il lisait un livre d'Hannah Whitall Smith.

Il fait alors cette prière: «Seigneur, je veux tout laisser entre tes mains.» Et Dieu utilisera son sacrifice!

Eugénio et Maria Teresa se marient en 1974 puis il est élu surintendant du district du Cap-Vert en 1987. En 1997, il est nommé coordinateur de la stratégie pour le champ sud-est de l'Afrique. Quelques années plus tard, il est choisi pour devenir coordinateur du nouveau champ lusophone dans lequel se trouvent l'Angola, São Tomé-et-Príncipe et le Cap-Vert ainsi que les pays suivants de langue anglaise: le Zimbabwe, la Zambie et le Malawi. Il est également coordinateur de la stratégie pour les champs d'Afrique de l'ouest et d'Afrique centrale. En 2006, il devient directeur de la région Afrique.

Le 30 juin 2009, Eugénio est élu 37ème surintendant général de l'Église du Nazaréen à l'assemblée générale d'Orlando en Floride (aux États-Unis). Au moment de son élection, les délégués représentant l'Afrique se mettent à chanter son chant préféré qui est adapté d'un chant folklorique du Zimbabwe. Ce chant était fréquemment entonné au bureau régional et lors de différents rassemblements auxquels il participait:

> *Si tu crois et je crois et si nous prions ensemble,*
> *L'Esprit-Saint descendra,*
> *Et l'Afrique sera sauvée,*
> *Et l'Afrique sera sauvée,*
> *Et l'Afrique sera sauvée.*
> *L'Esprit-Saint descendra,*
> *Et l'Afrique sera sauvée.*

Du Cap-Vert jusqu'aux extrémités de la terre

João José Dias a laissé derrière lui un solide héritage. En un peu plus d'un siècle après son travail de pionnier qui a débuté au Cap-Vert en 1901, les nazaréens de ces petites îles ont parcouru des milliers de kilomètres pour partager l'Évangile et ont accédé aux plus hautes fonctions de l'Église du Nazaréen à travers le monde.

Un proverbe du Bénin nous dit: «Nul besoin d'être riche pour partager.»

La population du Cap-Vert n'est peut-être pas très nombreuse mais à travers elle, de nombreuses personnes ont été conduites jusqu'au Christ et formées en tant que disciples grâce aux nazaréens fidèles du Cap-Vert qui ont partagé l'Évangile, réalisant ainsi l'appel de Jésus à être ses témoins jusqu'aux extrémités de la terre.

> *Mais vous recevrez une puissance,*
> *le Saint-Esprit survenant sur vous*
> *et vous serez mes témoins à Jérusalem,*
> *dans toute la Judée, dans la Samarie*
> *et jusqu'aux extrémités de la terre.*
> —Actes 1.8

le Kenya

la Tanzanie

le Mozambique

l'Angola

le Malawi

le Zimbabwe

le Swaziland

l'Afrique du Sud

Chapitre 2
EN TOUS TEMPS, DIEU EST BON

La bonne nouvelle est le plat préféré de l'oreille.
—Proverbe du Ghana

Que ce soit le temps de la moisson, que les temps soient difficiles ou favorables, dans les temps de transition et en tous temps, le Psaume 31 affirme au verset 15 : « Mes destinées sont dans ta main. »

Nous constatons la véracité de ce verset lorsque nous voyons de quelle manière Dieu a conduit les missionnaires africains au cours des différentes saisons de leur vie.

Le temps de la moisson

Il y a moins de 20 ans, des chercheurs estimaient que le peuple Makua était « le plus grand groupe animiste[1] non exposé à l'Évangile en Afrique et peut-être dans le monde ».[2]

Mais c'était sans compter sur Lousada et Jonas Mulate.

Pendant de longues années, la guerre civile dévaste le Mozambique. Les combats et les famines feront plus d'un million de morts et cinq millions de personnes

---

1 L'animisme est la croyance selon laquelle les plantes, les animaux et les objets ont tous un esprit.
2 Jason Mandryk, *Operation World*. Biblical Publishing, 1994.

déplacées. Mais les besoins spirituels et la pauvreté sont encore plus pressants. Les Makua et d'autres groupes du nord du Mozambique commencent à se tourner vers le Christ en grands nombres, notamment par l'intermédiaire du ministère de Lousada et Jonas Mulate qui fondent rapidement 20 églises parmi les Makua.

Jonas est conducteur de train lorsqu'en décembre 1982, Dieu lui adresse ce message : « Mulate, arrête de conduire des trains. Conduis plutôt des âmes vers le ciel. »

Jonas, fils du pasteur Lot Mulate et petit-fils du pasteur pionnier nazaréen Samuel Mulate, avait connu la sanctification des années auparavant par l'intermédiaire de la prédication des missionnaires Oscar Stockwell et Armand Doll au Mozambique. En réponse à l'appel de Dieu, Jonas est désormais pasteur de l'église du Nazaréen de la ville portuaire de Maputo sur l'océan Indien et se forme au ministère. Mulate reçoit son diplôme de théologie un dimanche matin et le même jour, il célèbre les baptêmes de 32 nouveaux membres. Durant cette période, l'église grandit de 11 personnes à 1 200 membres.

Après avoir reçu une vision concernant l'implantation d'églises, Mulate établit une nouvelle église à Xai-Xai, la capitale de la province de Gaza situé au sud du Mozambique.

Six ans plus tard, les églises du sud du Mozambique l'envoient implanter l'Église du Nazaréen dans le nord du pays. L'objectif est de créer deux nouveaux districts : le district central près de Beira et le district nord-est dans la région de Nampula. (Ces districts font aujourd'hui partie du district central de Sofala du Mozambique).

Bien que la famille Mulate reste dans le même pays, cette nouvelle aventure demande de s'adapter à une nouvelle culture en apprenant de nouvelles langues et de nouvelles coutumes.

Jonas est convaincu de l'urgence de la situation. « Si nous n'arrivons pas assez vite dans ces villes et ces régions que Dieu nous a données, le diable prend le dessus aujourd'hui. … Nous devons agir car le temps nous est compté. »

La famille Mulate n'est pas la seule présence de nazaréens actifs dans le nord du Mozambique. Beaucoup de ceux que la guerre avait forcés à quitter leur maison emmenaient avec eux l'Évangile dans les régions où ils s'établissaient, que ce nouveau lieu de vie soit permanent ou temporaire. Ils construisaient des églises faites de murs en terre et de toits de chaume. Certaines personnes étaient secrétaires de profession et trouvèrent un nouvel emploi dans l'administration, ce qui facilita le développement des nouvelles églises à la fois en terme d'influence et de ressources financières.

Le contexte politique du pays était aussi favorable. Les citoyens et d'autres groupes pouvaient prêcher l'Évangile librement et la moisson était mure. La famille Mulate et leurs collègues réalisèrent leur but et établirent deux districts. Ils dépassèrent même leur vision initiale.

En décembre 1997, le pays comptait 18 district et 8 régions pionnières regroupant un total de 35 887 membres.

L'église du nord du Mozambique grandissait en maturité et était en bonnes mains.

Jonas écrit alors: «Lorsque nous oublierons ce que nous croyons être et que nous deviendrons les personnes que Dieu désire, il nous donnera une vision. Nous devons non seulement ouvrir les yeux pour voir la moisson mais nous devons être disposés à rentrer cette moisson dans les granges.»

Lousada Mulate a elle aussi exprimé son appel en disant: «Jésus est mon Seigneur. Il m'a sauvé, il a rempli mon cœur de sa puissance. Mon cœur est fermement tourné vers la mission qui consiste à annoncer l'Évangile à ceux qui ne le connaissent pas.» Jonas se souvient: «Un soir, alors que je prêchais à une conférence sur la mission pour le Swaziland et le Mozambique, Dieu a touché mon cœur et cette nuit-là, j'arrivais à peine à dormir. J'ai commencé à penser à tous les habitants de l'Angola qui avaient besoin d'entendre la Parole de Dieu. J'ai ressenti un appel à devenir missionnaire en Afrique au service de la population de l'Angola et d'autres groupes à travers notre grand continent. La guerre en Angola est un grand obstacle mais nous avons Jésus qui est tout-puissant.»

Ensuite, l'église envoie la famille Mulate en tant que missionnaires en Angola, profitant d'un recul de la guerre civil qui avait sévit de manière récurrente entre 1975 et 2002. Reconnaissant pour les prières des membres de l'Église du Nazaréen à travers le monde, il écrit: «Alors que l'action de l'église commence en Angola et à São Tomé-et-Príncipe, l'une de nos principales priorités est d'identifier et de former les nouveaux croyants qui sont appelés à la prédication. Le chemin peut être long et difficile mais avec nos prières et les prières de nos frères et sœurs à travers le monde, Dieu construitson Église.»

En Angola, la période qui suit la guerre représente une ouverture pour l'Évangile, tout comme au Mozambique auparavant. Et l'église grandit rapidement sous la direction du pasteur Mulate. Eugénio Duarte, qui est alors coordinateur de la stratégie du champ, félicitera Jonas pour sa stratégie qui consiste à distribuer des tracts et d'autres supports imprimés comme premier moyen d'accès aux habitants de la région. Il lui dit : « De la frontière avec la Namibie jusqu'à Lumbango, Mulate a distribué de nombreux tracts. Les gens les lisent, apprennent ce qu'est l'Église du Nazaréen et ils posent des questions. »

En février 2001, Jonas mène un groupe qui prend la route sur plus de 4 500 kilomètres, partant de l'Angola pour arriver au Seminário Nazareno, le séminaire nazaréen de Maputo au Mozambique. Accompagnant huit étudiants, six de l'Angola et deux de São Tomé-et-Príncipe, ils traversent la Namibie, le Botswana et l'Afrique du Sud. En chemin, Jonas demande aux futurs pasteurs d'entonner un hymne. Le garde posté à la frontière est d'abord surpris puis chante avec eux, tamponne leurs passeports et les fait alors passer sans encombres.

Au séminaire, les étudiants suivent des cours intensifs. Le 8 décembre 2002, le pasteur Mulate prononce le discours de remise des diplômes lors du culte pour cinq diplômés de l'Angola, deux de São Tomé-et-Príncipe et plusieurs autres étudiants du Mozambique.

Et il y a assurément des postes pastoraux à pourvoir pour ces nouveaux diplômés. La région pionnière de l'Angola sera officiellement établie après 18 mois, comptant 1 100 membres, 7 églises organisées et 20 points de prédication.

Lousada et Jonas Mulate le savent : il est bien vrai que Dieu marche à nos côtés et nous guide lorsqu'arrive le temps de la moisson dans le travail du missionnaire.

Des temps difficiles

Être célibataire et missionnaire peut présenter bien des difficultés. Elizabeth Musimbi, qui est originaire du Kenya, peut en témoigner. Étant une femme célibataire exerçant un ministère Elizabeth, qui est aussi appelée Bessie, a dû surmonter plusieurs obstacles culturels durant sa mission en Tanzanie de 1997 à 2003.

En tant que missionnaire, elle doit également prendre en compte le fait d'évoluer dans une culture inconnue. Le climat, la langue et les coutumes : tout cela est nouveau pour elle. Elle est confrontée aux préjugés et rencontre des réticences. Elle prie alors que Dieu l'aide et lui donne sa sagesse.

Parfois, elle doit aussi composer avec les difficultés financières.

Bessie se souvient : « Les gens me regardaient et se disaient que j'avais beaucoup d'argent. Certaines personnes croient que si l'on vient d'un autre pays, en particulier lorsqu'on est envoyé par l'Église du Nazaréen comme moi, on doit recevoir beaucoup d'argent. »

Évidemment, les personnes qu'elle côtoyait attendaient d'elle qu'elle partage les richesses qu'elle était supposée avoir.

Que fait un missionnaire face à de telles difficultés ? Bessie s'est tournée vers celui qui l'a appelée à cette tâche. Elle a prié le Seigneur de l'aider et de lui accorder sa sagesse durant les périodes difficiles.

« Parfois, je pleurais seule dans ma chambre et je priais pour que Dieu aide les gens à comprendre mon ministère. » Bessie a persévéré et constaté la fidélité de Dieu : « Je me souvenais du commandement donné par Dieu à Josué en Josué 1.1-9 de se fortifier et d'être courageux. Je savais que Dieu était avec moi. Dieu a marché à mes côtés tout au long de mon séjour en Tanzanie. Je me souvenais aussi de la promesse de Dieu en Jérémie 29.11 : « Car je connais les projets que j'ai formés sur vous, dit l'Éternel, projets de paix et non de malheur, afin de vous donner un avenir et de l'espérance. » »

Bessie Musimbi

Par la suite, le pasteur Musimbi a savouré les bons moments où elle a pu voir la main de Dieu à l'action. Par exemple, lorsque Bessie organisait une projection du film Jésus, les gens réagissaient de manière positive et nombre de nouvelles églises étaient établies dans les villages où le film avait été projeté.

Dans de nouvelles régions, Bessie doit surmonter les mêmes barrières culturelles à plusieurs reprises. Par exemple, après une projection du film en territoire Maasaï, elle devait animer la formation de suivi. Elle était nerveuse car malgré une activité touristique importante et des influences modernes, les Maasaï suivaient toujours leurs traditions qui interdisaient aux femmes de se tenir debout pour enseigner à un groupe d'hommes.

Bessie pria que Dieu fasse un miracle dans les cœurs et les esprits des chefs qui allaient écouter son message sur la sainteté.

« Cet endroit se trouvait loin de la route et nous devions finir le trajet à vélo, ce qui pouvait prendre deux heures, raconte Bessie. J'étais avec Gabriel Chuma et John Mawhera, deux autres pasteurs. Des hommes âgés, des femmes et des enfants attendaient avec impatience. Dès que nous sommes arrivés, ils ont commencé à chanter. J'étais tellement touchée par leur réaction et l'accueil de ces gens. Ensuite, nous nous sommes rassemblées sous un arbre. Nous avons décidé de célébrer un culte puisque c'était la fin de la journée. Le pasteur Chuma m'a présentée et m'a demandé de m'approcher pour prendre la parole. Après m'être levée, je n'en croyais pas mes yeux. Les anciens hochaient la tête de haut en bas, pour montrer qu'ils m'avaient acceptée. »

Bessie et l'équipe du film sont restés pour animer un séminaire d'une semaine qui était adapté à l'emploi du temps des bergers nomades de la tribu. Bessie enseignait mais elle apprenait aussi les nombreuses coutumes de la tribu, notamment leur nourriture essentiellement composé de viande et de lait mélangés avec du sang des animaux.

En Tanzanie, Bessie a aussi participé au ministère par la radio. Elle animait une émission hebdomadaire de 15 minutes avant le bulletin des informations et un temps de médiation biblique chaque matin. Les gens commençaient à mieux connaître l'Église du Nazaréen et ses croyances. De nombreux auditeurs se mirent à envoyer des courriers à la station de radio. Beaucoup demandaient qu'on prie pour eux. Le pasteur Musimbi rendait visite aux personnes hospitalisées et priait avec les personnes qui se présentaient à sa porte.

Un homme qui écoutait son émission à la radio avec plusieurs autres personnes vint la voir pour lui poser des questions sur l'église. Ce petit groupe d'auditeurs se transforma en point de prédication.

Six années plus tard, Bessie retournera au Kenya. Là, elle continue à travailler au bureau du champ de l'est de l'Afrique. Pendant un certain temps, elle dirige les ministères de solidarité pour l'est de l'Afrique. Aujourd'hui, Bessie est responsable des Ministères de l'école du dimanche et de la formation des disciples internationaux (MEDFDI) pour le champ de l'est de l'Afrique. Malgré, ou peut-être grâce à ces temps difficiles, sa persévérance et sa passion pour proclamer le message de la sainteté demeurent solides.

Un temps de transition

Dieu a clairement appelé Enoch Litswele au Zimbabwe. Cependant, les responsables de l'église avaient d'autres projets pour lui et l'envoyèrent au Malawi.

Puisque Litswele savait sans l'ombre d'un doute que Dieu l'avait appelé au Zimbabwe, il aurait pu se rebeller ou refuser de partir. Au lieu de cela, il a choisi de faire confiance à Dieu pendant cette période qui allait s'écouler entre l'appel de Dieu et la réalisation de cet appel.

Litswele est né en 1935 à Mpumalanga en Afrique du Sud. Il n'a que cinq ans quand son père quitte le domicile familial. Peu après, sa mère décède. Il est alors recueilli par l'une de ses tantes qui lui fait connaître l'Église du Nazaréen.

Deux ans après être passé par la sanctification en 1952, il reçoit l'appel de Dieu pour le ministère. C'est à ce moment qu'il ressent un appel spécifique pour le Zimbabwe. Convaincu de l'importance d'une bonne formation, il saisit toutes les occasions d'étudier et obtient une licence de l'Université nazaréenne d'Afrique du Sud en 1960. C'est au Swaziland qu'il rencontre sa future épouse, Ruth, qui avait donné son cœur à Jésus dès le plus jeune âge à l'église du Nazaréen de Siteki.

En 1963, la famille Litswele est envoyée par l'église au Malawi. Là, Enoch apprend la langue Chichewa et démontre un don certain pour les langues étrangères. Un mois plus tard, il donne sa première prédication dans cette nouvelle langue. Par la suite, Enoch commente cet épisode avec humour: «Évidemment ce jour-là, le sermon n'a duré que cinq minutes.»

Pendant deux ans, Enoch accomplit toutes les tâches qui lui sont confiées au Malawi. Il annonce le message de la sainteté grâce à des concepts compréhensibles par tous. Par exemple, il donne cette illustration de la sainteté: «Quand un chien est donné ou vendu à un nouveau maître, il doit être attaché pendant une longue période. Sinon, le chien s'enfuit et retourne à son ancienne maison. Cependant, au moment venu, le chien peut être détaché et celui-ci est heureux de rester dans sa nouvelle maison. La liberté d'être heureux et fidèle dans la vie chrétienne, c'est être libéré du désir de retourner vers le péché.»

Depuis toujours, Enoch s'exprime de façon pittoresque. Lorsqu'il décrit la mission de l'institut biblique du Malawi, il affirme: «Nous maîtrisons la puissance du peuple de Dieu. Tout comme les turbines maîtrisent la puissance du fleuve Zambèze, la puissance qui est en eux est dirigée vers le service de Dieu. Lorsque nos diplômés œuvrent dans nos églises, tous nos fidèles sont mieux à même d'être la lumière du monde et de partager le message de l'Évangile de la vie en Jésus-Christ.»

Pendant son séjour au Malawi, Enoch eut des problèmes de santé. Mais les besoins étaient si grands au Zimbabwe que les responsables de l'église se résolurent à lui demander s'il serait prêt à quitter le Malawi pour s'établir dans la ville de Salisbury (aujourd'hui appelée Harare) au Zimbabwe.

Enoch sourit et répondit que c'est à ce pays que Dieu l'a appelé. Il déménage alors avec sa famille et apprend une autre langue, le shona.

Plusieurs années plus tard, la famille Litswele fait un séjour prolongé en Afrique du Sud. En 1990, ils retournent au Zimbabwe en tant que missionnaires officiels de l'église, Enoch occupant les fonctions de directeur de la mission au Zimbabwe.

Pour établir l'église, la stratégie d'Enoch consiste à rendre visite aux gens, à répondre à leurs besoins pour créer un lien afin qu'ils comprennent que l'église est un lieu accueillant. Plus ces relations se développent dans la ville, plus l'église grandit.

En tous temps, Dieu est bon

Le temps de la moisson, des temps difficiles et des temps de transition… une majorité de nos missionnaires africains sont confrontés à ce type de périodes durant leur mandat. Mais à chaque saison de leur vie, ils peuvent témoigner de cette réalité : pour annoncer le message de la sainteté, il faut dépendre de Dieu en tous temps.

Allez, faites de toutes les nations des disciples,
les baptisant au nom du Père, du Fils et du Saint-Esprit
et enseignez-leur à observer tout ce que je vous ai prescrit.
Et voici, je suis avec vous tous les jours,
jusqu'à la fin du monde.
—Matthieu 28.19–20

le Bélize

l'Afrique du Sud

Chapitre 3

« VOUS NE SEREZ JAMAIS INFIRMIÈRE MADEMOISELLE ! »

On finit de grandir mais on ne finit jamais d'apprendre.
— Proverbe du Bénin

Les médecins lui avaient dit qu'elle ne serait jamais infirmière. Elle n'aurait jamais imaginé être envoyée comme missionnaire dans un pays étranger. Et pourtant, Constance MacKenzie était appelée par Dieu. Et Constance, fidèle à cet appel, allait œuvrer pendant 24 ans en tant que missionnaire, notamment comme infirmière au Belize et en Afrique du Sud.

Peu de chances de devenir missionnaire

Née en 1944 Constance, aussi surnommée Connie, grandit avec ses grands-parents dans la ville de Coronationville près de Johannesburg en Afrique du Sud. Ses grands-parents découvrent la foi lorsqu'elle est encore très jeune. Pour cette raison, Connie est élevée dans une église du Nazaréen de Johannesburg.

Dès le plus jeune âge, elle veut devenir infirmière. Connie est née avec une anomalie du collagène, ce qui pousse tous les docteurs à s'opposer à ce projet. Elle leur répond que si c'est la volonté de Dieu, elle sera tout de même infirmière. À l'âge de 15 ans, elle subit une opération des genoux.

Par la suite, Connie étudie en école d'infirmières pendant quatre ans et demi, se spécialisant en tant que sage-femme. Elle poursuit ses études au Rehoboth Nazarene Bible College (aujourd'hui dénommé Nazarene Theological College à Honeydew en Afrique du Sud) où Dieu confirme son appel à devenir infirmière dans un rêve.

Connie MacKenzie

Connie se souvient: «Je me trouvais dans une espèce de piscine très peu profonde entourée d'une grande foule. Lorsque Jésus sortit de la piscine, il me donna des bandages et me demanda de les placer sur les jambes des personnes qui étaient allongées autour de la piscine et qui avaient besoin d'aide. Je savais que les infirmières utilisaient des bandages donc il ne me demandait pas seulement de prendre soin des gens dans un sens général mais de les soigner. Je me souviens encore de cette image de Jésus qui sort de l'eau, de sa tunique mouillée et des bandages qu'il me donne pour prendre soin des malades.»

Après une année à l'institut biblique, Connie part travailler en tant qu'infirmière à l'hôpital nazaréen de Blouberg, dans la partie nord de l'Afrique du Sud. L'hôpital est petit mais accueille de nombreux patients dans la province de Limpopo. À cette époque, le docteur et les infirmières de l'hôpital voient entre 80 et 100 patients chaque jour en consultation. L'hôpital de Blouberg existe toujours aujourd'hui mais est désormais géré par le gouvernement sud-africain.

En mission, les conditions d'exercice de la médecine peuvent être difficiles. À Blouberg comme dans d'autres hôpitaux par la suite, Connie doit assumer des tâches qui, d'ordinaire, ne reviennent pas aux infirmières. Par exemple, il n'est pas courant que les infirmières doivent arracher des dents. Mais puisque le dentiste habite à bonne distance, Connie accepte de s'en occuper. Elle doit aussi procéder aux accouchements à risque, même lorsqu'il s'agit de triplés.

Connie raconte : « Il fallait apprendre, gérer et s'adapter. On priait beaucoup, croyez-moi ! Parfois, c'était la prière qui permettait que ces bébés sortent sains et saufs. »

Parfois, c'étaient les docteurs et les ambulances qui n'arrivaient pas jusqu'à l'hôpital parce que les routes étaient inondées. Un jour, une rivière en crue recouvre un pont, empêchant un pasteur de le traverser en voiture. Connie ouvre alors la voie en marchant pieds nus sur le pont afin qu'il puisse la suivre et traverser sans encombres.

Avait-elle eu peur de traverser un pont recouvert par les eaux devant une voiture ? « Oui, répond Connie. Mais quand vous êtes engagée et que Dieu vous appelle, vous faites ce genre de choses pour aider les gens. Dieu m'a aidé dans de nombreuses situations semblables. »

Parfois, les soins de Connie ouvrent une porte pour témoigner.

Un jour, dans l'hôpital de campagne de Blouberg, un homme ivre est arrivé avec une blessure. Il avait reçu un coup de couteau lors d'une bagarre et Connie se rendit compte qu'il tenait ses intestins dans sa main. Aucun docteur ne se trouvait sur place donc elle prit le téléphone pour en appeler un. Le docteur dit à Connie : « Vous remettez les intestins en place, vous le recousez, vous lui donnez une bonne dose de pénicilline et vous l'envoyez vers un autre hôpital dès que possible. » Alors qu'elle essaie de suivre les instructions du docteur, chaque fois que l'homme tousse, les intestins ressortent de son ventre. Après un deuxième appel au docteur, Connie élargit l'ouverture avec un scalpel et place des points de suture supplémentaires.

Une ambulance arriva enfin et il fut transféré vers un autre hôpital et se remit de cet épisode. Quelques temps plus tard, l'homme retourna au village et Connie eut l'opportunité de lui témoigner de sa foi. L'homme commença alors à fréquenter l'église de son village.

En mission à Belize

Alors qu'elle travaille à l'hôpital nazaréen de Blouberg, plusieurs amis de Connie l'encouragent à envisager un engagement missionnaire. Pendant quelques années, elle passe des tests et des entretiens dans ce but. En 1976, elle est envoyée comme missionnaire de l'Église du Nazaréen à Belize, en Amérique centrale.

C'est une étape importante pour Connie qui a grandi dans un district missionnaire. Était-il possible qu'une église qui bénéficiait du travail des missionnaires envoie à son tour des missionnaires ?

De plus, c'était alors l'époque de l'apartheid, pendant laquelle les personnes de couleur n'avaient pas accès aux mêmes opportunités que les Blancs. Dieu pouvait-il agir au-delà des divisions politiques ? Oui. Connie était appelée à œuvrer comme missionnaire et en 1976, elle devint la première missionnaire noire de peau à être envoyée par l'Afrique du Sud.

«Je n'aurais jamais imaginé aller un jour à Belize, explique Connie. Je ne m'attendais pas à être envoyée. Je n'imaginais pas que l'église puisse m'envoyer dans un endroit où je n'avais jamais vécu. C'était passionnant et effrayant... C'était ce que Dieu voulait que je fasse et il m'a aidé à chaque étape.»

En 1908, Connie doit quitter Belize lorsque le gouvernement prend le contrôle des hôpitaux et des écoles. Toujours appelée à la mission et aux soins infirmiers, elle est réaffectée au district nord-est d'Afrique du Sud où elle travaille à la clinique Thabeng pendant huit ans.

Lorsque la santé de Connie ne lui permet plus de suivre les emplois du temps et les tâches éreintantes de l'hôpital, elle poursuit alors dans le ministère en travaillant dans le service africain de la littérature africaine puis comme trésorière du champ sud de l'Afrique.

Au début, elle ne sait pas taper à la machine mais elle se met à apprendre. Elle ne peut pas traduire dans toutes les langues parlées à travers l'Afrique mais sa longue expérience dans l'église avec les jeunes et dans la mission lui donne un regard pertinent sur les besoins de la région dans le domaine de la littérature.

En 1993, Connie prend sa retraite pour raisons médicales. Mais elle continue à apporter son aide autant que sa santé le permet. Dieu n'oublie pas Connie!

Appeler, former et envoyer

L'histoire de Connie montre que le travail missionnaire est loin de se limiter à la seule prédication de l'Évangile, même si ce rôle est très important dans la mission. Lorsqu'on lui demande ce que signifie être missionnaire, Connie répond : « C'est aller vers les gens et leur venir en aide, quels que soient leurs besoins. »

Selon Connie, quand Jésus envoie les douze disciples en Luc 9, il ne leur demande pas uniquement de « prêcher le royaume de Dieu » mais aussi de « guérir les malades » (v. 2). Notre Dieu ne se soucie pas seulement de nos besoins spirituels mais aussi de nos besoins physiques... et de tous nos besoins !

À tous ceux qui se préparent à devenir missionnaires, quel que soit leur rôle spécifique, Connie adresse ce conseil : « Aspirez aux formations les meilleures. Apprenez autant qu'il est possible. ... Dieu ouvrira le chemin pour que vous arriviez à bon port si vous êtes véritablement appelés. » Elle ajoute également ces mots qui reflètent sa propre expérience : « Vous devez être absolument certains de votre appel et Dieu vous donnera cette confirmation. »

Ils partirent et ils allèrent de village en village,
annonçant la bonne nouvelle et
opérant partout des guérisons.
—Luc 9.6

Le Mali

le Niger

le Burkina

la Guinée-Conakry

le Bénin

la Côte
d'Ivoire

le Nigéria

le Togo

Chapitre 4

UN FEU QUI PURIFIE ET SE PROPAGE

Pour recevoir de Dieu, avance les deux mains.
—Proverbe du Burundi

Lorsque Dieu a ouvert la porte, les responsables du champ de l'ouest de l'Afrique n'ont pas attendu de recevoir une autorisation ou des financements pour avancer et annoncer le message de la sainteté dans de nouvelles régions. Ils ont simplement franchi le pas.

«Je constate que les églises locales et les districts envoient des responsables vers d'autres nations ou d'autres groupes culturels dans des régions où l'église n'est pas encore présente et ils y établissent l'église, explique Filimao Chambo. Ces missionnaires reçoivent un soutien de leur district et de leur église locale et souvent, ils envoient un rapport sur leur action à leur district pour leur assemblée de district.»

Porter le flambeau en Guinée-Conakry

Clément Djédjé, ancien surintendant du district de Côte d'Ivoire et actuel coordinateur de la zone du Burkina Faso, de la Guinée-Conakry[1] et du Mali, fait partie de ceux qui sont allés de l'avant.

---

1 La Guinée-Conakry est un pays d'Afrique de l'ouest, anciennement appelé Guinée française, qui est aussi appelé Guinée. Lors de l'entrée.

Pour Chambo, dès le début de son ministère dans l'Église du Nazaréen, Djédjé montre sa volonté de prendre l'initiative : « Nous n'avions pas la possibilité d'envoyer Djédjé en tant que missionnaire. Mais cela ne l'a pas empêché de commencer à suivre le Seigneur et à répondre à son appel. »

Au début de l'année 2008, l'église d'Andokoi, au sud de la Côte d'Ivoire, demande à Clément Djédjé qui est alors surintendant de district, d'établir l'Église du Nazaréen dans leur pays d'origine. Clément a déjà montré son intérêt pour la mission en donnant des cours au Bénin et en développant une proche relation de formateur avec Moïse Toumoudagou. Bien que Djédjé ne soit plus un jeune homme, le feu qui l'anime intérieurement est ardent. Il accepte alors ce défi qui consiste à établir l'église dans un nouveau pays où 85 pour cent des personnes qui se disent religieuses sont musulmanes, 8 pour cent chrétiennes et 7 pour cent adeptes des religions traditionnelles africaines.

En mars, Djédjé part en voiture en direction du nord-ouest alors qu'il fait 35° C. Le trajet prend environ 10 heures, sans compter le passage de la frontière. Le voyage n'est pas facile. Sa voiture reste coincée dans la boue et il doit traverser un cours d'eau sur un pont fait à la main avec des branches. Cependant, il poursuit sa route et arrive à destination dans la ville de N'Zélékoré, la capitale provinciale de l'est de la Guinée-Conakry.

Pendant de nombreuses années, Djédjé avait été professeur de français avant de devenir pasteur et enseignant à l'Institut Théologique Nazaréen. Sa connaissance de la langue officielle du pays lui est évidemment très utile lors de ce voyage. Sa présentation passionnée sur l'évangélisation et la sainteté est bien accueillie. À la fin de la semaine de formation destinée aux responsables et aux nouveaux membres, 30 personnes se joignent à l'église et une assemblée locale se met en place. En février 2009, l'église centrale de N'Zérékoré compte 150 membres et six groupes de maison.

Plus tard au cours de l'année 2009, le Conseil général de l'Église du Nazaréen autorisera l'établissement de l'œuvre en Guinée-Conakry. Le feu de l'Esprit va où il veut, quand il veut.

Clément et Lucie Djédjé

Dieu est à l'œuvre grâce aux projections du film Jésus. En Guinée-Conakry, une femme a expliqué qu'elle souffrait de terribles insomnies et de cauchemars récurrents. Mais au moment même où elle a accepté Jésus-Christ, elle a ressenti qu'elle était libérée de tout mal. La nuit suivante, elle dort en toute sérénité. Beaucoup de gens qui acceptent le Christ apportent leurs fétiches, des objets inanimés qu'ils adoraient pour leurs pouvoirs magiques supposés, afin de les brûler publiquement. Que Dieu soit loué pour ce feu qui se propage mais qui purifie aussi.

Dans un autre village, 135 personnes acceptent le Christ en deux jours. Après le culte du dimanche, 50 sont baptisés. Les personnes sont guéries et délivrées des possessions démoniaques. Trois hommes apportent leurs fétiches pour les brûler.

Quel est le message qui résonne dans l'esprit de ces personnes ? Dans le livre de Djédjé, *Sorcellerie et Sainteté*, il écrit :

> *Nous sommes pleinement convaincus que le sorcier n'a aucun pouvoir sur un enfant de Dieu, même s'il n'hésite pas à l'attaquer souvent. Le chrétien sanctifié ne craint pas les flèches enflammées du diable parce qu'il marche par l'Esprit Saint dont la puissance surpasse tout autre pouvoir.*

> *Les sorciers ne craignent pas les paroles des chrétiens. Ils craignent le Christ lui-même. Et le Christ vit en nous. La sorcellerie perd son emprise sur nous. ….*

> *Nous voulons démontrer l'omnipotence de l'Esprit de Dieu sur tout autre esprit. Les nazaréens d'Afrique n'ont aucune raison de continuer à vivre dans la crainte de la sorcellerie. Ils n'ont aucune raison d'être influencés par des récits de puissances mystiques et de sorciers criminels. Le chrétien sanctifié n'a rien à craindre de ces prédateurs du monde des ténèbres. Jésus a vaincu le péché. Jésus a vaincu le monde. Jésus a vaincu le diable. Pourquoi aurions-nous peur ?*

Grâce au développement du mouvement nazaréen en Guinée-Conakry, un premier ancien y a été ordonné en novembre 2013.

En 2015, la région de l'Afrique a officiellement envoyé Clément Djédjé comme missionnaire régional. Djédjé est coordinateur de la zone du Burkina Faso, de la Guinée-Conakry et du Mali. Djédjé et son épouse, Lucie, sont désormais installés au Mali où ils répandront sans nul doute un nouveau feu au service du Christ.

Première assemblée, premier envoi d'un missionnaire

«Dieu n'a pas de programme missionnaire. Dieu est lui-même la mission.» C'est ce qu'affirme David Wesley, docteur en théologie et professeur de missiologie au Nazarene Theological Seminary de Kansas City aux États-Unis. «C'est pourquoi le corps du Christ partage l'image de Dieu. L'église du Bénin n'attend ni financement extérieur, ni autorisation. Elle agit simplement de manière naturelle en tant que corps du Christ, tout comme le faisait l'église du premier siècle. Elle vit son témoignage chrétien dans son propre contexte mais regarde également vers l'extérieur dans des régions où il n'existe pas ou peu de témoignage chrétien.»

Au nord du Bénin, des laïcs de tous les âges portent le message de la sainteté à leur propre peuple et dans les lieux qu'ils connaissent, ce qui permet à l'église de grandir rapidement. Ils acceptent le défi qui consiste à utiliser leurs contacts personnels et professionnels comme des canaux pour l'évangélisation. Ils ne se limitent pas à une vision locale mais ils voient aussi que leur prochain a besoin du Christ.

Lors de la première assemblée du district Pendjari du Bénin, les responsables de la réunion demandèrent si quelqu'un acceptait de devenir missionnaire bénévole plus au nord au Togo, un pays limitrophe où aucune église n'est encore présente.

Le pasteur Apolli leva la main.

Officiellement, ce district du Bénin n'existait que depuis un an. Mais ce district avait débuté avec 400 églises organisées. Suite à la croissance miraculeuse de l'église, le district qui regroupe le Bénin et le Togo sera divisé en cinq districts, l'un d'entre eux étant le district Pendjari du Bénin.

Lorsqu'il est décidé que le pasteur Apolli et sa famille partirait, les participants à l'assemblée se mettent immédiatement à l'action. Ils collectent une offrande pour financer le voyage de la famille Apolli. Le ministère des dames collecte assez de vivres pour nourrir la famille pendant un mois. Le ministère des partenaires de la moisson du film Jésus leur fournit un sac à dos rempli de tout l'équipement pour organiser des projections du film.

Apolli et sa famille se sont mis en chemin pour propager le message de la sainteté dans une nouvelle région. Il ne savait pas comment il allait gagner sa vie, où il allait vivre et ne connaissait aucun des détails de son avenir. Il a placé sa confiance en Dieu pour toutes ces choses : pour ce qu'il ne savait pas comme pour ce qu'il savait déjà. Il savait, en revanche, que les habitants de cette région étaient profondément animistes. Ces gens vivaient dans la crainte des mauvais esprits et adoraient des idoles. Leurs croyances étaient une combinaison de nombreuses religions traditionnelles.

Les Togolais s'avérèrent prêts et ouverts pour écouter l'Évangile et le message de la sainteté. En six mois seulement, Apolli avait déjà fondé 23 églises. Les nouveaux nazaréens de la région souhaitaient qu'il soit libre de voyager pour enseigner ce message qui transformait leur vie. Ces personnes donnèrent à sa famille un lieu où vivre et de quoi manger. Ils lui donnèrent aussi un vélo pour qu'il puisse se rendre dans des villages plus éloignés.

Le feu de l'Esprit Saint brûlait dans leur cœur et ce feu ne pouvait pas être étouffé.

Le désert brûlant

L'initiative Sahel du champ ouest de l'Afrique est un effort concerté pour annoncer le message de la sainteté le long de la route commerciale qui borde la limite sud du Sahara depuis de longues années. L'œuvre au Niger et au Mali débute quand des responsables locaux traversent les frontières pour fonder des églises aux endroits où l'Esprit de Dieu les conduit.

Selon un responsable du Bénin : « Cinq districts se trouvent à la frontière du Niger et nous étions convaincus que cette région avait besoin d'une mission ou d'une présence missionnaire. Alors nous avons créé l'initiative du mouvement du Sahel, nous avons identifié des groupes qui vivent le long de la frontière du Bénin et du Niger. De nombreuses personnes n'y ont jamais entendu l'Évangile. Les fidèles de nos églises ont constaté les besoins de ces gens et nous avons décidé d'envoyer un missionnaire. »

Le missionnaire qui a été envoyé a les compétences et le niveau d'engagement nécessaires pour être efficace dans cette région. Des vies sont transformées et des malades sont guéris.

Pourquoi Abuja ?

Souvent, le message de la sainteté est connu dans une partie d'un pays et inconnu dans d'autres régions du même pays.

L'histoire de l'Église du Nazaréen au Nigéria est unique. Un militaire nazaréen qui se trouvait dans l'hémisphère est rencontra un soldat nigérian pendant la Seconde Guerre mondiale. Le Nigérian était impressionné par les croyances du nazaréen. De retour au pays, il écrivit au centre administratif de l'Église du Nazaréen pour demander des informations sur la dénomination. La personne qui reçut sa lettre lui envoya simplement un exemplaire du *Manuel*. Il lit le livre puis, avec plusieurs amis, il procéda à l'enregistrement de l'église auprès du gouvernement en 1946 et commença à célébrer des cultes dans une région rurale du sud-est du pays.

Plus tard, le champ ouest de l'Afrique fut organisé et les responsables firent un voyage de repérage au Nigéria. C'est au cours de ce voyage qu'ils finirent par trouver ce groupe. L'Église du Nazaréen accueillit officiellement le groupe dans la dénomination en 1988.

La population du Nigéria a beaucoup augmenté depuis que ce soldat de la Seconde Guerre mondiale est revenu au pays. L'urbanisation y avance rapidement.

Selon un rapport des Nations unies publié en juillet 2015, « la population du Nigéria, actuellement la septième plus importante du monde, connaît la croissance la plus rapide. De ce fait, selon les projections la population du Nigéria dépassera celle des États-Unis vers 2050, ce qui en fera le troisième pays le plus peuplé du monde. »

En 2015, il était estimé qu'Abuja, la capitale du pays, comptait 2,44 millions d'habitants sur une superficie de 700 kilomètres carrés. La ville grandit à un rythme soutenu et la pauvreté s'est intensifiée. Selon les Nations unies, la population de Lagos grandit de 9,4 pour cent par an tandis que les banlieues d'Abuja grandissent de

20 à 30 pour cent chaque année. Dans le même temps, la pauvreté se répand toujours plus rapidement, 58 pour cent de la population urbaine vivant avec moins d'un dollar américain par jour pour vivre.

Bien qu'il existe 512 langues parlées au Nigéria, les langues principales de la ville d'Abuja sont l'anglais, le hausa, l'igbo et le yoruba. L'œuvre de l'Église du Nazaréen se déroule principalement dans le groupe des Efik, dans la région Abak Akwa Ibom qui se trouve dans le sud-est du pays.

Un cœur enflammé

David Okon est un Nigérian qui a étudié à l'Université nazaréenne d'Afrique de 2006 à 2009. L'un de ses professeurs, le Daryll Stanton, donna un devoir à ses élèves. Chacun devait écrire l'histoire et l'origine de l'Église du Nazaréen dans sa région d'origine.

David découvre alors que, malgré des décennies de présence au Nigéria, l'Église du Nazaréen n'est pas présente dans les villes. Dieu lui donne une passion pour que des personnes de toutes les classes sociales et de toutes les tribus puissent connaître le message de la sainteté.

À son retour au Nigéria, il entreprend un voyage. La voiture de David tombe alors en panne à Abuja. Il appelle un ami pour qu'il vienne l'aider. En discutant, David lui raconte sa vision pour prêcher le message de la sainteté à Abuja grâce à l'Église du Nazaréen.

David explique au surintendant du district qu'il est prêt à partir implanter une église dans la capitale. Le district prie alors pour lui et fait une collecte de fonds pour payer son voyage.

David se rend dans la banlieue nommée Mararaba, le quartier le plus peuplé d'Abuja destiné aux nouveaux arrivants (avant qu'ils ne puissent s'installer dans le centre de la ville). Il établit plusieurs contacts et trouve des nazaréens qui s'étaient installés à Abuja. Cependant, la plupart d'entre eux se sont déjà joints à d'autres églises ou ont changé de conviction religieuse.

Les habitants religieux d'Abuja peuvent se montrer hostiles envers le christianisme. De ce fait, l'assemblée connaît beaucoup de difficultés. Pour David : «Dieu est vraiment fidèle envers nous et il continue à ajouter des personnes à son église lorsque nous nous adressons aux gens.»

Lorsqu'il essaie de parler de Jésus, certaines personnes répondent au pasteur Okon qu'elles sont venues à Abuja pour trouver un travail, pas une église. David explique : «En écoutant les gens et leurs préoccupations, j'ai imaginé un projet pour créer des cultures urbaines qui permettraient à la plupart des membres de travailler et de gagner leur vie avant de finir par trouver un travail dans l'administration.»

David a commencé à réaliser son projet.

Les communautés louent une parcelle de terrain qu'elles cultiveront pendant cinq ans. Il espère qu'avec le développement du projet, le nombre de parcelles disponibles augmentera. En nourrissant les personnes et en leur redonnant leur dignité par le travail, il espère gagner de nouvelles âmes pour Christ.

*Puis il leur dit : Allez par tout le monde et prêchez
la bonne nouvelle à toute la création.
Celui qui croira et qui sera baptisé sera sauvé
mais celui qui ne croira pas sera condamné.
Voici les miracles qui accompagneront ceux
qui auront cru :
en mon nom, ils chasseront les démons ;
ils parleront de nouvelles langues ;
ils saisiront des serpents ;
s'ils boivent quelque breuvage mortel,
il ne leur fera point de mal ;
ils imposeront les mains aux malades
et les malades seront guéris.*
—Marc 16.15-18

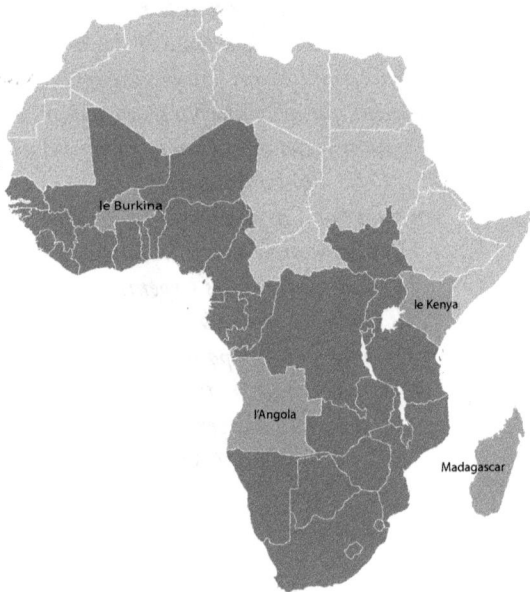

le Cap-Vert

le Burkina

le Kenya

l'Angola

Madagascar

Chapitre 5
PARTENAIRES ET LEADERS

Un seul doigt ne peut pas soulever la viande de l'assiette.
—Proverbe du Cameroun

Imaginez une prédication qui se termine avec une invitation à s'avancer pour prier à l'autel pendant plus d'une heure.

Après ce temps de prière, les personnes ne retournent pas s'assoir. C'est alors qu'une deuxième prédication est donnée pour ces personnes qui ont une grande soif d'entendre la Parole de Dieu.

La soif spirituelle des nazaréens est l'un des signes que Dieu agit en Angola et à travers l'Afrique.

Partenaires dans la mission

Maria et Danilo Carvalho, tous deux cap-verdiens, ont exercé le pastorat pendant 16 ans et participé aux débuts de l'Église du Nazaréen au Portugal. Lorsque Danilo a fini sa maîtrise au Nazarene Theological College de Manchester en Angleterre, la famille Carvalho est retournée en Afrique.

En 2008, ils sont envoyés en Angola pour enseigner, implanter de nouvelles églises, conseiller et former les nouveaux responsables et coordonner les projets de construction de bâtiments. Maria participe également à la formation pour le ministère auprès des femmes et des enfants.

L'Angola est l'un des principaux pays producteurs de diamants et de pétrole, le deuxième de l'Afrique subsaharienne. Malgré cela, la population compte parmi les plus pauvres du continent africain. Bien que de nombreux nazaréens vivent dans la pauvreté, ils donnent avec générosité pour soutenir les actions missionnaires. Comme le dit un proverbe Xisonga : « Les enfants d'une même fratrie partagent la tête du criquet », ce qui signifie que les membres d'une même famille sont prêts à faire des sacrifices les uns pour les autres.

Les liens s'approfondissent entre le pays d'origine de la famille Carvalho et le pays où celle-ci exerce son ministère.

En Angola, la très longue guerre civile (de 1975 à 2002) a désorganisé la scolarité de centaines de milliers d'enfants. Une famille du Cap-Vert a fait un don pour financer la construction d'une école, la Escola Nazarena Engenhiero Samuel Monteiro à Lubango, l'une des principales villes du pays.

L'école est alors approuvée par le gouvernement, ce qui permet de réduire les frais d'instructions et de développer encore davantage le ministère de l'établissement qui accueille actuellement 300 élèves. De plus, les bâtiments de l'école sont adaptés à de multiples usages : école primaire en journée, centre de formation pour adultes en soirée et centre d'accueil pour les jeunes en périodes de vacances.

Les gens désirent se former dans les matières classiques d'enseignement mais aussi sur les sujets spirituels.

Il y a quelques années, une conférence des pasteurs qui devait au départ porter sur les stratégies d'évangélisation et de formation des disciples s'est transformée en véritable réveil spirituel.

« Au début de la formation, j'ai remarqué que les questions que posaient les participants n'avaient pas de rapport avec les méthodes d'évangélisation et de formation des disciples, raconte Filimao Chambo. Il y avait une faim et une soif très profondes pour la justice de Dieu. J'ai dû mettre mes notes de côté et répondre à des questions concernant les façons de mener une vie de sainteté. Nos discussions se sont portées sur la sainteté biblique et chaque session de formation, chaque culte est devenu un moment permettant aux personnes de rencontrer Dieu. »

Filimao, Danilo et Paulo Sueia prièrent le temps de prier avec les participants autour de l'autel. Les temps de prière furent prolongés tandis que les différents responsables se réconciliaient les uns avec les autres. Les participants renouvelaient leur engagement à prêcher, vivre dans la sainteté et servir Dieu. Les enfants et les jeunes se tournaient vers Dieu pour recevoir le pardon des péchés et pour être remplis de l'Esprit du Seigneur. Par de merveilleux témoignages, ils célébraient la façon dont le Seigneur avait sanctifié les uns et les autres. Les responsables étaient encouragés et se réjouissaient de retourner chez eux pour enseigner et prêcher le message de la sainteté.

Filimao se souvient du dernier jour de la conférence : « Les gens couraient littéralement jusqu'au devant de la salle pour prier à l'autel et être remplis de l'Esprit Saint. Le temps de prière dura plus d'une heure. Lorsque nous avons finalement demandé aux personnes de retourner s'assoir, personne ne bougea d'un pouce. Alors j'ai prêché une nouvelle fois et nous nous sommes remis à prier. Les jeunes et les moins jeunes témoignaient que le Seigneur les avait sanctifiés. C'était la première fois de ma vie que je voyais Dieu manifester sa présence avec nous de cette manière. »

Danilo affirme : « Nous agissons comme missionnaires en Angola avec amour, avec respect et avec la conviction profonde que nous sommes appelés par Dieu. Dieu est sur le trône en Angola ! »

Faire grandir la prochaine génération de leaders

Mary Ganda était monitrice de l'école du dimanche pour un groupe d'enfants quand elle a ressenti l'appel de Dieu à aller au-delà de son village pour partager l'Évangile avec d'autres ethnies et dans différents pays. La vie a suivi son cours et Mary a épousé Friday Ganda. Alors qu'ils établissaient leur foyer, elle ressentait toujours le besoin d'agir dans d'autres régions. Lorsqu'elle expliqua cette conviction à Friday, il lui dit que lui aussi avait reçu un appel de la part de Dieu. Désormais, ils agissent ensemble.

Friday avait accepté le Christ en 1986 grâce au témoignage d'un ami. Il devint membre de l'Église du Nazaréen en 1988. Deux ans plus tard, il s'inscrit à l'institut biblique nazaréen situé à Nairobi au Kenya. Mais en 1993, il franchit une nouvelle étape dans sa vie spirituelle. « J'ai abandonné toute ma vie au Seigneur pour qu'il me dirige complètement, raconte-t-il. Et c'est ce qu'il a fait ! ». Friday se réjouit alors d'avoir été sanctifié.

Après leurs études à l'institut biblique, Mary et Friday acceptent un poste pastoral dans une ville proche du lac Victoria au Kenya. L'église grandit. Friday est bientôt élu surintendant du district sud-ouest du Kenya (aujourd'hui appelé district du lac Victoria du Kenya). Le district grandissait aussi et Friday ressentait l'appel de Dieu à aller au-delà de son propre pays.

Durant cette période, Friday écrit : « Nous devons comprendre que nous sommes nés dans une nouvelle famille. Cette famille est composée des différentes tribus de la terre. À la tête de cette famille, il y a un seul Père. Nous

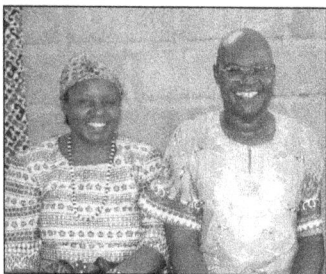

Mary et Friday Ganda

n'obéissons plus à ce monde ni à une tribu terrestre mais au Seigneur Dieu, notre Père. »

Friday devient ensuite coordinateur du film Jésus pour l'Afrique de l'est et l'Afrique centrale, une zone qui compte six pays différents. Plus tard, la famille Ganda est envoyée dans la région de la corne de l'Afrique.

Friday explique : « Ma vision consiste à prêcher l'Évangile de sainteté aux personnes qui n'ont pas entendu ce message, d'identifier les personnes qui peuvent devenir responsables puis d'aider ces personnes à se développer pour s'engager dans les différents types de ministères auxquels ils se sentent appelés. »

Lorsque Mary et Friday Ganda entrent dans une nouvelle région, ils le font avec ce but à l'esprit. Ils placent systématiquement de nouvelles personnes en situation de responsabilité en les formant pour qu'elles prennent le relais. Ils font confiance à Dieu pour leur montrer l'étape suivante dans ce processus et Dieu se montre fidèle. Après avoir œuvré dans la corne de l'Afrique, Mary et Friday sont envoyés au Burkina Faso.

Friday se souvient qu'à ses débuts au Burkina Faso, il avait demandé à Dieu de lui envoyer la bonne personne pour ce pays. Friday commente : « Je savais pertinemment que Dieu ne nous abandonne jamais. »

Le jour où la personne qu'il a formée, le pasteur Joseph Tiendrebeogo, est nommé surintendant de district, Friday s'exclame : « Aujourd'hui, j'ai loué le Seigneur et j'ai dit « Merci mon Dieu d'avoir réalisé ta promesse. » »

Friday écrit[1] :

> *Même si les cultures, les langues et les circonstances changent, le projet de Dieu pour son peuple ne change pas.*

> *Nous pouvons mettre les leaders sur la bonne voie en un temps très court, leur donner l'autonomie nécessaire pour qu'ils nous remplacent et nous tenir prêts à aller dans de nouvelles régions où nous n'avons pas d'églises.*

> *Enfin, je les aide à comprendre que Christ nous passe le bâton du relais lorsqu'il dit : « Allez dans le monde entier. » Cela signifie que nous sommes tous appelés.*

1 Friday Ganda, *Practical Leadership: Passing the Baton*, Xulon Press, 2013.

Un impact qui dure

Ronald Miller est actuellement coordinateur de la JNI pour la région de l'Afrique. Auparavant, il était missionnaire avec son épouse Shelly sur l'île de Madagascar, au large du continent africain.

Ronald a connu de nombreux missionnaires pendant son enfance en Afrique du Sud. Alors qu'il est jeune adulte, il devient membre d'une équipe nazaréenne du projet Impact qui voyage dans différents pays africains pour annoncer l'Évangile. Pendant plusieurs années, il aide également à la coordination des équipes du projet.

Lorsque Ronald Miller arrive en tant que missionnaire à Madagascar, il présente naturellement le concept des équipes Impact comme moyen d'évangélisation. Les équipes Impact, les ministères en dehors des églises locales et plusieurs autres idées de Ronald sont nouvelles à Madagascar. Les responsables se saisissent de l'idée et mettent alors en place une formation.

«Nous avons prié pour trouver 14 personnes engagées qui formeraient l'équipe, en sachant que toutes les personnes formées n'iraient pas forcément jusqu'à la réalisation du projet, selon Ronald. Au premier jour de la formation, 30 personnes avaient répondu à l'appel. C'était vraiment très encourageant.»

Les responsables se fixent comme objectif que chaque église du district forme et prépare une petite équipe de type Impact chaque année. L'une des églises participantes organisera des animations bibliques de vacances au cours desquelles 200 enfants acceptent le Christ.

Grâce à la formation des équipes Impact, chaque personne de l'équipe peut aider les responsables de l'église locale et prier efficacement pour chaque enfant et chaque famille. Les responsables malgaches prient et espèrent que ces équipes se poursuivront à l'avenir.

Ronald Miller

Tarryn Jody Nathan, un étudiant du Nazarene Theological College en Afrique du Sud, s'est rendue à Madagascar dans le cadre d'un voyage de Travail et Témoignage organisé par le district Gauteng d'Afrique du Sud. Elle écrit que le deuxième jour, «nous avons participé à la réunion d'orientation avec Ronald Miller, un missionnaire. Ensuite, on nous a présenté l'équipe d'évangélisation. C'était surtout des adolescents qui avaient entre 14 et 17 ans. Nous avons travaillé avec eux pendant 13 jours. On a commencé en faisant du porte-à-porte, en témoignant avec des bracelets d'évangélisation dont chaque couleur représente une partie de l'histoire de l'Évangile et avec des cubes décorés d'images pour l'évangélisation. Ce soir-là, plus de 100 personnes, des enfants et des adultes, ont accepté Jésus comme Seigneur et sauveur après avoir regardé le film Jésus. »

L'équipe se tient toujours à la disposition des églises locales pour les aider. Par exemple, l'un des pasteurs était responsable d'une église qui avait été fondée un an auparavant, mais un deuxième projet d'implantation d'église existait aussi dans un autre lieu. Le pasteur demanda à l'équipe d'évangélisation de participer au premier culte du dimanche dans la nouvelle église. La présence de l'équipe pouvait susciter l'enthousiasme et par le bouche à oreille, les gens entendraient parler de la présence de l'équipe dans la ville. Ensuite, l'équipe a participé en animant des chants, des sketches et tout simplement en dialoguant aux personnes présentes.

Ronald s'est démultiplié en quelque sorte. Il a transmis le savoir-faire qu'il avait reçu à de nouvelles personnes. Au bout du compte, l'impact de son action résonne pour l'éternité pour toutes les personnes qui bénéficient de l'action des équipes d'évangélisation de Madagascar.

Filimao Chambo ne cache pas sa fierté pour la famille Miller et l'ensemble des membres de son équipe en Afrique, quel que soit le rôle de chacun. Selon lui : « L'Église du Nazaréen en Afrique est constamment engagée dans l'action missionnaire. Plusieurs responsables africains ont été ou sont toujours missionnaires, qu'ils soient envoyés par l'église mondiale ou par la région Afrique en tant que missionnaires de l'église générale, bénévoles, missionnaires régionaux ou en mandat spécial. Nous les félicitons pour l'impact qu'ils ont eu par le passé et pour l'impact que les autres missionnaires continuent à avoir dans nos instituts bibliques, dans les différents champs et pays tout comme à notre bureau régional. »

Racontez parmi les nations sa gloire,
parmi tous les peuples ses merveilles!
—1 Chroniques 16.24

La Namibie

le Botswana

le Swaziland

le Lesotho

l'Afrique du Sud

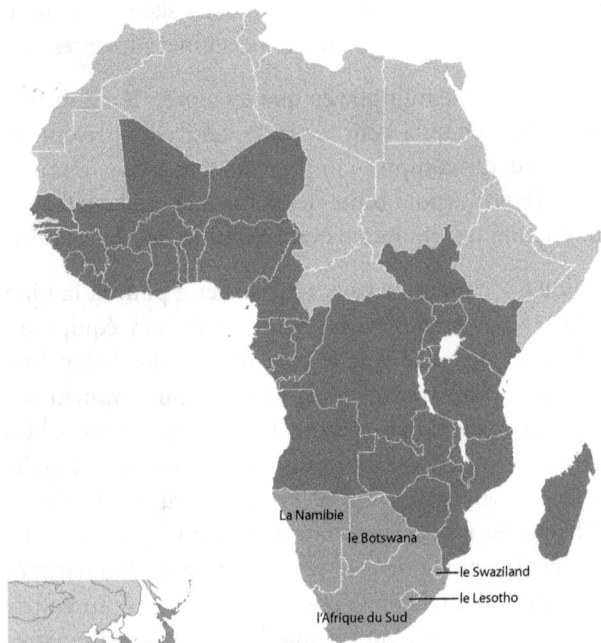

Asie-Pacifique

Chapitre 6
LA SAINTETÉ : L'AMOUR EN ACTION

Un plat goûteux sent déjà bon lorsqu'il mijote.
—Proverbe du Sénégal

Même si des missionnaires africains traversent les frontières de ce continent depuis des années, la région de l'Afrique fête désormais l'envoi de Shireen et Collin Elliott, un couple originaire d'Afrique du Sud, comme premiers missionnaires de l'église mondiale envoyés d'Afrique vers la région Asie-Pacifique.[1] Par leur action, la famille Elliott encourage et exprime l'amour de Dieu aux enfants, aux assemblées, à leurs collègues et au-delà. Ce sont de merveilleux messagers de la sainteté.

Le miracle

Les souvenirs d'enfance de Collin lui rappellent qu'un geste exprimant un amour véritable peut avoir une grande influence dans la vie d'un enfant.

Collin a grandi dans une famille hindoue d'Afrique du Sud. À l'âge de trois ans, il ne marche toujours pas et son père envisage sérieusement de le faire adopter par un oncle et une tante qui n'ont pas de fils. Sa mère,

---

1 **Note de l'auteur :** La famille Elliott n'est pas la première famille missionnaire envoyée par l'Afrique à partir du bureau régional. Mais c'est ici la première famille originaire d'Afrique à être envoyée dans une autre région administrative de l'église sous contrat en tant que missionnaires de l'église générale.

qui est chrétienne, prie en demandant à Dieu de guérir son fils. Elle prie aussi pour que le Seigneur bloque l'adoption par cette famille hindoue très pratiquante.

Dieu répond alors à ses prières et toute la famille se réjouit lorsque Collin se met à marcher durant l'année de ses trois ans. Encore aujourd'hui, Collin marche toujours «dans la lumière de Jésus», que ce soit physiquement ou sur le plan spirituel. Et il est reconnaissant que Dieu soit intervenu car aujourd'hui, il n'est pas prêtre hindou mais pasteur au nom du bon berger, Jésus le Christ.

Lorsque Collin était jeune, c'est le régime de l'apartheid qui était en place en Afrique du Sud. Il se souvient clairement qu'à l'âge de quatre ans, il est placé avec sa famille dans un camion-benne par le gouvernement et déplacé jusqu'à la ville de Chatsworth. Lorsqu'il donne son témoignage, Collin explique qu'il est «arrivé dans une benne à ordures pour faire des disciples de Jésus-Christ».

Alors qu'il a six ans, il remarque un groupe de Blancs plus loin dans la rue. Avec ses amis, une bande tentée par la délinquance, ils commence à harceler ce groupe qu'on lui avait enseigner à détester. Mais ce groupe particulier est une équipe composée de bénévoles, une sorte de précurseur des équipes de Travail et Témoignage. Les membres de l'équipe accueillent ces garçons chaleureusement et avec amour.

Chaque jour, sous prétexte de venir voir l'avancement des travaux, Collin rend visite à l'équipe. En réalité, la vraie raison de ses visites, c'est l'amour qui lui est exprimé à travers de simples gestes d'affection et en lui donnant des friandises. Il accepte le Seigneur à l'âge de six ans et restera engagé dans l'église tout au long de sa vie.

« C'est à la portée de tous de prendre un enfant par la main et de lui dire qu'on l'aime, affirme Collin. Nous devons nous adresser aux jeunes. »

Shireen s'intéresse particulièrement à la préparation des enfants pour le ministère. Elle est convaincue qu'aider les enfants est une démarche qui est à l'image du Christ parce que Jésus les a bénis et a dit: « Laissez les petits enfants et ne les empêchez pas de venir à moi ; car le royaume des cieux est pour ceux qui leur ressemblent. » (Mattieu 19.14) Pour Shireen, les enfants doivent être acceptés, aimés, appréciés et respectés.

Elle écrit :

> Le ministère de l'église auprès des enfants de 4 à 14 ans est essentiel pour réaliser la mission du Christ qui nous appelle à faire des disciples. Ces enfants peuvent prier, chanter et animer un culte d'adoration. Ils peuvent inviter leurs amis au culte et s'impliquer dans le ministère. Il faut les intégrer au ministère de l'église. Les enfants doivent ressentir et savoir qu'ils font pleinement partie de leur église. Ils devraient pouvoir devenir membres dès qu'ils reconnaissent Jésus-Christ comme Seigneur et qu'ils choisissent de l'inviter dans leur cœur pour devenir disciples. On devrait également leur donner des responsabilités dans le royaume dès qu'ils comprennent leur foi en Jésus-Christ.
>
> Nos églises pourront prospérer et grandir lorsque nous verrons l'importance du ministère auprès des enfants. Nous devons nous approcher des enfants égarés,

secourir les enfants opprimés, enraciner nos enfants en Christ, lui qui suscite la foi et la mène à la perfection et faire confiance aux enfants pour récolter la moisson des âmes.

Durant la visite au Swaziland d'une équipe de nazaréens américains, Shireen et Collin accompagnèrent ce groupe pendant quelques jours. À la dernière minute, la personne qui devait s'adresser aux enfants d'une école primaire eut un empêchement. Shireen la remplaça et captiva l'attention des enfants rassemblés dans un grand sanctuaire.

Elle commença par leur raconter l'histoire suivante :

Un enfant de six ans part à la pêche avec des vers de terre. Il place un ver de terre sur son hameçon et attrape un poisson pour le manger.

Plus tard, alors qu'il est à l'école, on lui demande : « Comment est-ce que tu peux dire que Jésus vit dans ton cœur ? »

Il répond que c'est comme à la pêche. Il ne peut ni voir ni entendre le poisson. Mais quand le poisson mord à l'hameçon, il sait qu'il est là et qu'il tire sur la ligne.

« Jésus tire sur la ligne de mon cœur » dit le petit garçon.

Quand nous acceptons Jésus, il vient en nous et il veut nous rendre purs. Quand il nous rend purs, il nous remplit de sa présence puis il nous utilise pour parler de lui à d'autres personnes. De cette façon, les autres peuvent recevoir Jésus dans leur cœur et recevoir la vie éternelle. Nous ne devons pas garder secret ce message. Nous devons le répéter à tout le monde.

Shireen croit aux bienfaits des accolades données aux enfants. Pour elle, c'est l'un des moments les plus importants dans la vie d'une personne pour qu'elle sache qu'elle est précieuse. Et les enfants apprécient l'amour de Shireen et Collin et le fait qu'ils croient à leur potentiel pour le royaume des cieux.

Encourager et former leurs collègues

Collin et Shireen ont commencé leurs aventures lorsqu'ils se sont rencontrés au Nazarene Theological College à Honeydew en Afrique du Sud où ils ont étudié la théologie. Ils sont tous deux ordonnés comme anciens et appliquent dans leur propre vie les principes qu'ils souhaitent voir chez leurs collègues. Ils désirent gagner des âmes pour le Christ, faire des disciples, fonder de nouvelles églises et agir pour la formation.

En 2000, Collin est coordinateur de la stratégie pour le champ sud de l'Afrique. Il coordonne donc l'Église du Nazaréen en Afrique du Sud, au Swaziland, au Lesotho, en Namibie et au Botswana. Shireen et Collin ont alors comme responsabilités la vision globale, la formation spirituelle et pratique, l'administration, les missionnaires de carrière et bénévoles, toutes les institutions situées dans ce champ et les ministères d'entraide.

Chaque année, ils organisent des formations pour aider les surintendants de district et les pasteurs à établir des stratégies efficaces pour atteindre leurs objectifs missionnaire. Pendant les années où Collin est coordinateur de la stratégie pour le champ sud de l'Afrique, le nombre de membres de cette zone grandit de plus de cent pour cent.

Collin a affirmé : « Je remercie Dieu pour sa faveur et sa présence et pour une bonne équipe dans le champ pour poursuivre les stratégies de multiplication et pour la santé et la croissance spirituelle. »

En 2009, Collin termine une maîtrise de psychologie chrétienne. Avec Shireen, ils sont envoyés comme missionnaires de l'église internationale en 2010. Leur action en tant que modèles et source d'encouragement s'est étendue à l'ensemble de la région lorsque Filimao Chambo, directeur régional, nomme Collin comme adjoint au directeur régional pour la croissance de l'église et le développement des districts en 2012.

Alors que Collin est encore coordinateur de la stratégie de champ, Shireen reçevra aussi une tâche bien spécifique. On lui demande de diriger un projet d'implantation de nouvelles églises dans les principales ville du champ d'Afrique du Sud. Shireen accepte le défi avec enthousiasme en demandant à Dieu dans la prière de lui accorder sa sagesse.

Pendant deux ans, Shireen est pasteur de l'église du Nazaréen de Shallcross, située près de Durban en Afrique du Sud. Elle a pour principe de ne pas enseigner aux gens de suivre des règles légalistes mais plutôt de les former en tant que disciples afin qu'ils puissent écouter la voix intérieure de l'Esprit pour être guidés par lui.

Durant le pastorat de Shireen, le nombre de membres est passé de 207 à 484 et son assemblée a participé à l'implantation de deux nouvelles églises ainsi qu'un point de prédication. L'une des églises était autofinancée alors que l'autre était déjà solide grâce à l'engagement des laïcs de ces assemblées.

Shireen a également un don pour l'organisation. Cela s'est bien vu lorsqu'elle a organisé de grands événements pour la région. Elle a notamment eu la responsabilité des déplacements de tous les délégués et visiteurs aux assemblées générales, s'assurant que chacun avait ce dont il avait besoin et a participé à l'organisation de plusieurs conférences destinées aux femmes laïques et membres du clergé. Son dernier succès dans la région a été l'organisation de la conférence régionale de l'Afrique en 2015 à Johannesburg, qui s'est déroulée au moment même où Shireen et Collin planifiaient leur déménagement dans la région Asie-Pacifique.

Collin et Shireen Elliott ont le don de l'hospitalité. Ils aiment écouter les rêves et les espoirs des gens. Ils s'intéressent à chaque personne, même dans des équipes de Travail et Témoignage qui peuvent compter de nombreux équipiers. Autour de la table, les conversations peuvent être longues. En quittant le champ du sud

Shireen et Collin Elliott

de l'Afrique, les équipes sont reparties avec le sentiment de ne plus être des inconnus mais membres d'une même famille, en grande partie grâce aux efforts de Shireen et Collin pour aimer et encourager chacun.

Ce n'est pas vous qui m'avez choisi mais moi,
je vous ai choisis et je vous ai établis
afin que vous alliez et que vous portiez du fruit
et que votre fruit demeure,
afin que ce que vous demanderez
au Père en mon nom,
il vous le donne.
—Jean 15.16

le Cap-Vert
le Sénégal
la Guinée-Bissau
la Guinée-Conakry
la Sierra Leone
le Libéria
le Ghana
la Guinée équatoriale
Sao Tomé-et-Principe
la République du Congo

Le Mali
le Niger
le Burkina
le Bénin
la Côte d'Ivoire
le Togo
le Nigéria
le Cameroun
le Gabon
la République démocratique du Congo

le Sudan du Sud
l'Ouganda
le Kenya
le Rwanda
le Burundi
la Tanzanie
le Mozambique
l'Angola
la Zambie
le Zimbabwe
le Malawi
Madagascar
La Namibie
la Réunion
le Botswana
le Swaziland
le Lesotho
l'Afrique du Sud

Chapitre 7
EXERCER DES RESPONSABILITÉS

Si ton frère traverse la rivière, tiens la corde.
—Proverbe du Burundi

« L'amour n'échappe pas à cette règle. Bien que l'essence de l'amour ne change pas d'une culture à l'autre, les circonstances sont diverses. La manière dont l'amour est exprimé est très largement conditionnée par la culture. » —Gift Mtukwa, professeur de théologie à Africa Nazarene University au Kenya.

Lors du culte d'envoi de Shireen et Collin Elliott à Johannesburg, le surintendant général Eugénio Duarte a souligné qu'ils n'étaient pas appelés à jouir de privilèges mais à exercer des responsabilités.

Non seulement les missionnaires sont appelés à un autre niveau de responsabilités mais les églises qui les envoient et les reçoivent acceptent également de recevoir pleinement ces responsabilités. Nous pouvons voir que l'Église du Nazaréen en Afrique et en Asie-Pacifique devra tenir la corde pendant que la famille Elliott entreprend de franchir les eaux.

Exprimer la sainteté par l'amour

L'un des défis que Shireen et Collin auront à relever consistera à apprendre comment exprimer la sainteté par l'amour dans des cultures différentes. Collin se réjouit à l'idée de pouvoir influer sur le cours des choses. Selon lui : « C'est la seule chose à faire : influencer des vies. Quand tu changes une vie, les conséquences durent pour toute l'éternité. »

Dans un message envoyé à ses collègues d'Afrique à l'occasion de son départ, Collin écrit :

> Nous sommes toujours déterminés à répandre le plein Évangile du salut grâce aux bénédictions et à l'espérance que nous possédons en notre Seigneur et sauveur ressuscité, Jésus-Christ. Dans le mouvement et les bruissements de cette nuée d'espérance, le lait de la compassion humaine ne doit jamais devenir aigre lors de notre service à toute l'humanité au nom du Christ. Nous agirons dans une région qui n'est pas la nôtre avec des cultures, des coutumes, des langues et des groupes humains variés mais il nous est apparu que notre responsabilité est de « faire des disciples à l'image du Christ dans les nations », non pas en étant tous identiques mais par amour.

> Nous partageons le sentiment du tout premier pilote d'un vol en solitaire qui a dit : « Le pire n'est pas d'échouer mais de ne pas oser essayer. » Nous croyons que « l'avenir est aussi radieux que les promesses de Dieu » [comme le dit Adoniram Judson]. En méditant sur cette phrase, j'ai fait quelque chose que je n'avais jamais fait auparavant. Je me suis acheté des lunettes de soleil.

Collin a dit : « Les Africains comprennent qu'ils peuvent agir pour eux-mêmes et même au-delà. Nous devons penser comme une famille, comme une équipe et non en disant «nous» et «eux» car ce discours érige des barrières.» Notre église est une famille internationale qui peut partager le travail qui consiste à annoncer le message de la sainteté de façon nouvelle et créative.

L'église qui envoie

Lors de la conférence régionale de l'Afrique de 2015, c'est Jackie Joseph, coordinatrice de la MNI pour la région qui procède à l'ouverture du culte d'envoi de Shireen et Collin. Après l'invocation, le pasteur Joseph a annoncé les objectifs de l'année à venir, notamment l'envoi de missionnaires africains à travers l'Afrique et dans d'autres régions du monde et l'implantation de l'église dans deux grandes villes où la présence de l'église était limitée jusqu'à présent.

«Ce jour est une fête car la région de l'Afrique envoie un missionnaire vers une autre région» selon Don Gardner, coordinateur de la stratégie du champ de l'est de l'Afrique, s'exprimant au nom de tous les coordinateurs de la stratégie des champs de la région. Celui-ci ajouta: «Vous avez laissé votre empreinte à travers toute l'Afrique.»

Pour Eugénio Duarte, surintendant général: «Nous donnons ici plusieurs de nos meilleurs ouvriers au reste du monde. Nous sommes fiers de la région de l'Afrique. Cette église, qui a reçu certains des meilleurs ouvriers venus d'Amérique et d'Europe, a appris à faire de même: envoyer certains de ses meilleurs éléments.»

Le culte d'envoi régional n'était pas le seul événement lié à ce départ. Dès l'annonce de cet envoi missionnaire, les églises du champ du sud de l'Afrique ont souhaité exprimer leur reconnaissance envers Shireen et Collin.

L'église du Nazaréen de Morka a organisé un culte deux semaines avant que la famille Elliott ne quitte la région. Le pasteur Tim Mogorosi et son épouse Tembi invitèrent les églises des environs à se joindre à eux pour encourager Shireen et Collin. Ensemble, il louèrent le Seigneur et prièrent pour les temps à venir.

Le pasteur Mashangu Maluleka, coordinateur de la stratégie du champ du sud de l'Afrique, rappela à la foule que «lorsque Dieu appelle des missionnaires, il appelle également l'église à les soutenir dans la prière et financièrement».

L'église qui reçoit

La région Asie-Pacifique a accueilli les Elliott dans leur équipe.

Pour Mark Louw, directeur régional, «leur venue est une réponse à la prière et nous sommes très optimistes. Shireen et Collin seront des modèles dans leur manière d'être en tant que leaders et ils arrivent de la région de l'Afrique avec des cœurs tournés vers le service. Ils viennent pour apprendre et servir, écouter et partager, encourager et être encouragés, questionner les réflexions et s'adapter aux réalités. En bref, ils sont ici pour prendre pleinement part à notre équipe.»

Collin est désormais coordinateur des nouvelles initiatives (implantations d'églises, évangélisation et croissance de l'église) pour la région Asie-Pacifique. Il espère mener l'église de façon créative dans de nouvelles zones. Shireen est coordinatrice des femmes membres du clergé avec comme but l'encouragement et le développement des femmes dans et pour le ministère.

Pendant qu'ils servaient le Seigneur dans
leur ministère et qu'ils jeûnaient,
le Saint-Esprit dit :
Mettez-moi à part Barnabas et Saul pour l'œuvre
à laquelle je les ai appelés.
Alors, après avoir jeûné et prié,
ils leur imposèrent les mains et les laissèrent partir.
—Actes 13.2–3

Afrique subsaharienne

l'Afrique du Sud

Chapitre 8
L'AVENIR DE LA MISSION EN AFRIQUE

C'est petit à petit que l'on remplit la bouteille.
—Proverbe du Kenya

L'église d'Afrique a connu une croissance importante grâce aux efforts des missionnaires et des assemblées locales mais beaucoup reste à faire. Plusieurs défis persistants peuvent influer sur l'avenir de la mission en Afrique. Beaucoup de ces défis sont liés aux tendances démographiques de ce continent.

Nouveaux défis, nouvelles opportunités

La population de l'Afrique grandit à un rythme exceptionnel. Depuis 1996, les pays d'Afrique subsaharienne connaissent le plus forts taux de croissance de la population de tout le continent selon les chiffres de la Banque mondiale (*http://data.worldbank.org*). Alors que les taux de croissance annuels de la population ont progressivement diminué dans une majorité de régions depuis 1964, ce taux a augmenté en Afrique subsaharienne.

En Afrique, la poussée démographique se concentre principalement sur les zones urbaines. En 1964, moins d'un habitant sur six vivait en milieu urbain en Afrique subsaharienne. En 2014, c'est désormais un tiers de la population qui s'y trouve. Si cette évolution vous semble faible, regardez les chiffres : en 1964 moins de

40 millions d'Africains vivaient dans des villes mais en 2014, ce nombre était de 357 millions!

Bien que les habitants d'Afrique subsaharienne soient plus nombreux, ceux-ci sont ont davantage tendance à entreprendre des études supérieures. En 2014, les Africains en âge d'étudier à l'université avaient 5 fois plus de chances d'être inscrits dans une université par rapport au taux d'inscription en 1974.

Ces tendances démographiques créent des défis mais aussi des opportunités pour la mission en Afrique. Des actions sont déjà en cours dans les domaines des ministères étudiants et des ministères urbains.

Les ministères étudiants

L'action du pasteur Mashangu Maluleka à la Tshwane University of Technology démontre l'importance que peut avoir un ministère parmi les étudiants en Afrique. Le projet de Mashangu était d'établir une église du Nazaréen au sein même de cette université de la ville de Pretoria en Afrique du Sud.

Il y a plus de huit ans, un petit groupe d'étudiants a créé une association étudiante qui a grandi et s'appelle maintenant l'église du Nazaréen Divine Hope (ce qui signifie « espérance divine »). L'école du dimanche à lieu dans des salles de classe. Les étudiants posent des questions et dialoguent. Les Bibles sont ouvertes et les rires résonnent souvent pendant les réunions.

Le culte est célébré dans un amphithéâtre de l'université. Lorsqu'ils arrivent, les gens sont accueillis chaleureusement avec le sourire. Le culte est animé de manière fluide par les musiciens et par d'autres responsables. Plus de 200 personnes se rassemblent ici pour louer Dieu. Chaque culte est enregistré en vidéo pour les personnes qui ne peuvent pas être présentes ou pour ceux qui veulent donner ces vidéos autour d'eux.

L'église ne se limite pas au seul culte du dimanche matin. Quatorze groupes de maison se réunissent en semaine. Un autre culte est également célébré en milieu de semaine. Les membres participent activement aux activités organisées par le district Gauteng d'Afrique du Sud. Cette communauté de foi est solide.

Après le culte, les nouveaux venus sont invités à rester prendre une légère collation. Ils sont accueillis personnellement à l'église par Remember et Mashangu Maluleka qui leur expliquent qu'ils ne sont pas obligés de devenir membres de cette église locale car ils peuvent rester membres de leur église d'origine. Divine Hope est plutôt un deuxième lieu qui leur permet de rencontrer Dieu au cours de leurs études.

Des événements ponctuels liés à la vie de l'université rythment également le calendrier de l'église. L'église participe aux activités d'orientation pour accueillir les nouveaux étudiants en début d'année. Elle organise également d'importantes réunions de prière pour les étudiants durant la période des examens. À une occasion, plus de deux mille étudiants ont participé à une réunion de prière de trois heures en vue des examens.

Les projets de Mashangu vont aussi au-delà de cette seule église. Il rêve que dans chaque université d'Afrique du Sud, une église du Nazaréen du même type soit présente. C'est un grand projet mais Dieu est assez grand pour inspirer et réaliser cette vision !

Les ministères en milieu urbain

Dans de nombreux pays africains, les villes sont en fort développement. Parfois, cette croissance est accompagnée de difficultés comme la délinquance, la drogue, les vols et les tirs d'armes à feu entre autres choses. Les défis et les opportunités sont immenses. Les nouvelles églises tout comme les églises établies ont la capacité d'influencer de nombreuses personnes par leurs activités et leurs programmes.

En 2013, les quartiers de Bonteheuwel et Valhalla Park de la ville du Cap (en Afrique du Sud) ont connu des problèmes de délinquance. Les pasteurs nazaréens de ces quartiers ont collaboré avec les responsables de la ville pour organiser des activités dans l'espace protégé des locaux de l'église pendant un week-end. Pendant cet événement, un concert en plein air a été organisé pour les jeunes, les habitants du voisinage ont pu faire vérifier gratuitement leur pression artérielle, des activités étaient proposées pour les enfants, des lunettes de lecture ont été distribuées et un culte a été célébré pour le 50ème anniversaire du district nazaréen de l'ouest du Cap.

« L'Esprit Saint était à l'œuvre dans les cœurs de ces centaines d'enfants, de jeunes et d'adultes. Dans chaque activité, un temps était consacré à la prière avec un conseiller spirituel. Pendant ces moments, de nombreuses personnes ont accepté le Christ dans leur vie » raconte Jodi Cooper dans la lettre d'information *Out of Africa*.

Les difficultés liées à l'urbanisation peuvent être éreintantes. Mais lorsque des personnes sont en souffrance, l'Église a la responsabilité et le privilège de leur montrer l'amour de Jésus traduit en actes.

Parfois, cette démonstration d'amour peut prendre la forme d'un accueil dans un espace protégé au milieu d'un environnement dangereux. Cela peut prendre la forme d'une formation professionnelle lorsqu'un fort taux de chômage décourage les jeunes et les pousse vers la drogue, l'alcool, la délinquance et d'autres activités à risque. Cela peut s'exprimer en proposant des services pour la santé ou l'éducation. Quelle que soit la situation, les personnes ont besoin d'être invitées à connaître Jésus pour arriver à une transformation concrète et durable de leur vie et de leur quartier.

L'avenir de l'Église en Afrique passera par de nombreuses interactions avec les habitants des villes. Comme le dit Mashangu Maluleka : « Grandes villes d'Afrique : nous voici ! »

Former ceux qui sont appelés

Nous aimons cette expression qui dit : « Dieu n'appelle pas ceux qui sont formés. Il forme ceux qui sont appelés. » Tandis que Dieu appelle des Africains à œuvrer comme missionnaires en Afrique et dans le reste du monde, la région agit pour les former.

« Pendant de longues années, le travail de la mission était réalisé par des personnes extérieures à l'Afrique. Aujourd'hui, nous voulons donner les mêmes opportunités à ceux que Dieu appelle en Afrique afin qu'ils puissent aller et agir » selon David Cooper, coordinateur de la mobilisation et du personnel pour la région de l'Afrique.

L'un des moyens de formation disponibles est un atelier de deux jours appelé orientation missionnaire nazaréenne. Selon un rapport présentant cet événement, le but est de permettre aux participants de «mieux comprendre la perspective de l'Église sur la mission et d'échanger au sujet des ministères inter culturels et de leur efficacité.» Certains ateliers sont destinés aux groupes qui se préparent pour des voyages missionnaires courts et d'autres ateliers sont conçus pour les jeunes qui ressentent un appel à devenir missionnaires.

Stephen Phillips, qui est coordinateur de projet pour les Ministères de compassion nazaréens d'Afrique, a participé à plusieurs sessions d'orientation qui ont fait évoluer sa représentation du missionnaire. Auparavant, il se représentait «quelqu'un qui a de l'argent et originaire des États-Unis» mais aujourd'hui, le missionnaire est plutôt «quelqu'un qui est appelé par Dieu et envoyé par son église locale».

«Quand j'ai participé pour la première fois à une orientation missionnaire, cela a changé ma perception de la mission. Je pense que je ne comprenais pas complètement le fait que je faisais partie d'une église mondiale. C'était un grand changement de perspective pour moi» explique Stephen.

En plus des efforts de formation des personnes pour la mission, la région a comme projet plus vaste de développer une missiologie spécifique à l'Afrique. Pour le directeur régional, Filimao Chambo, il est important que notre théologie de la mission soit «en harmonie avec notre contexte, une missiologie qui soit en cohérence avec nos réalités africaines tout en étant en cohérence avec l'identité de l'église mondiale et sa vision missionnaire».

Tandis que le développement de cette missiologie se poursuit, Dieu continue à appeler des Africains et ils sont nombreux à répondre à cet appel.

Filimao poursuit : « Si Dieu vous a envoyé, est-ce que vous pensez qu'il se soucie de savoir si le réseau existe à cet endroit ? Il y a des personnes dans cet endroit auxquelles il veut s'adresser. ... Dieu continue à inviter son église à prendre part à sa mission ».

Jésus leur dit de nouveau : La paix soit avec vous !
Comme le Père m'a envoyé, moi aussi je vous envoie.
—Jean 20.21

CONCLUSION

Quand le sommeil dure pendant toute la journée du marché, ce sommeil se change en mort.
—Proverbe du Nigéria

Ce proverbe nous rappelle qu'agir est une nécessité absolue. Comme le souligne Mashangu Maluleka, co-ordinateur de la stratégie du champ du sud de l'Afrique : « En ce qui concerne la mission de Dieu, nous n'avons pas le choix. Si nous ne sommes pas engagés dans la mission, nous ne sommes pas l'église. »

Le pasteur Samantha Chambo écrit : « Les Africains s'appuient toujours sur la communauté. J'ai vu la force de cette vérité à de nombreuses reprises lorsque les croyants s'approprient les événements et les projets et agissent ensemble. Si chaque croyant est convaincu qu'il est appelé et rendu capable de participer activement à la mission du Christ, les disciples à l'image du Christ vont se multiplier de façon explosive sur ce continent. »

Quand il s'agit de la mission, nous pouvons tous apporter notre contribution à l'évangélisation du monde pour Jésus. Voici quelques moyens que nous avons à notre disposition.

Prier et encourager

Au cours d'une discussion avec des personnes de passage en Afrique du Sud, Collin Elliott donne l'exemple d'une petite église dont l'action s'avérait vraiment efficace. Cette église envoyait des courriers pour l'encourager, lui et son épouse Shireen, pendant les périodes difficiles. Collin fait cette remarque : « Quand une église se souvient de ses missionnaires et leur envoie fidèlement des courriers, pour moi cette église est une grande église. Ces gens prient pour nous et pour notre ministère. C'est la marque d'une grande église qui s'engage dans les actions d'envergure de notre Dieu puissant. » Collin insiste sur le fait que personne ne peut agir complètement seul. Nous avons besoin d'agir ensemble et de rester en lien les uns avec les autres.

D'autres personnes peuvent encourager leurs missionnaires en utilisant les réseaux sociaux.

Si vous souhaitez prier pour des missionnaires de façon systématique, vous pouvez commencer par dresser la liste des missionnaires mentionnés dans ce livre. Vous pouvez aussi consulter les informations biographiques d'autres missionnaires sur le site www.nazarene.org/MissionaryProfiles[1].

Donner et envoyer

Selon Ezekiel Mnisi, représentant de l'Afrique au conseil de la MNI mondiale: «Nous avons tendance à penser comme des propriétaires. Nous nous disons que notre maison est à nous et nous avons tendance à appliquer le même raisonnement à notre voiture par exemple. Mais en réalité, nous ne possédons rien. Ce que nous pensons posséder, c'est ce que Dieu nous a confié. Quand Dieu veut utiliser ces choses, il attend de nous que nous soyons obéissants. »

Lors d'un atelier de la conférence régionale de Nairobi, Ezekiel a rappelé aux participants que lorsque nous collectons des fonds pour un projet missionnaire, «le but ultime n'est pas une somme d'argent mais des âmes».

---

1 Uniquement disponible en langue anglaise actuellement.

Lorsque nous donnons, nous devons le faire avec la bonne attitude. Pour Mashangu Maluleka, « l'obéissance vaut mieux que les sacrifices ».

Aller et annoncer le message de la sainteté

Pour Enoch Litswele, « la Bonne Nouvelle est arrivée jusqu'à vous et moi parce que quelqu'un s'est montré obéissant et est venu nous parler de Jésus-Christ. Depuis que nous sommes sauvés de nos péchés, nous sommes désormais de ceux qui sont envoyés ».

Après avoir entendu quelqu'un affirmer que c'était maintenant au tour de l'Afrique de prendre la tête de l'effort missionnaire, Mashangu fait cette distinction : « Il ne faut pas dire « C'est au tour de l'Afrique » mais plutôt « Allons-y ensemble ». » L'Afrique est prête à agir en partenaire de l'église mondiale mais sans que les autres abandonnent ou arrêtent de répondre à l'appel de Dieu en laissant l'Afrique en première ligne.

Enoch partage la même conviction : « Nous sommes « ouvriers tous ensemble » et cela se verra dans nos efforts de coopération pour annoncer la Bonne Nouvelle dans le monde et pour enseigner à toutes les nations tout ce que Jésus nous a prescrit. »

Le site Web de la région de l'Afrique mentionne : « Nous sommes déterminés à former et à soutenir chaque nazaréen d'Afrique pour servir, d'abord dans son propre contexte puis dans d'autres cultures. » (www.africanazarene.org)

Assurons-nous qu'aucun enfant nazaréen ne fasse la même expérience que Samantha Chambo qui écrit : « C'est assez tardivement que j'ai compris qu'un appel ne suffisait pas pour devenir missionnaire. Dans mon église, j'avais appris qu'en général les missionnaires étaient «des Blancs» qui étaient envoyés par l'église mondiale pour annoncer la Bonne Nouvelle aux Africains. On enterrait alors mon rêve de devenir missionnaire.»

Travaillons ensemble avec les missionnaires que Dieu a appelés en Afrique et dans toutes les autres régions. Regardons au-delà des origines pour fixer nos regards vers notre mission commune en tant que messagers de la sainteté.

Filimao Chambo lance ce défi à l'Église : «Des personnes sont venues nous dire que la lumière nous éclaire, c'est pourquoi nous ne devons plus vivre dans l'obscurité. Dieu nous appelle à aller et à préparer le chemin de l'Éternel.»

Une voix crie :
Préparez au désert le chemin de l'Éternel,
aplanissez dans les lieux arides une route
pour notre Dieu.
Que toute vallée soit exhaussée,
que toute montagne et toute colline soient abaissées !
Que les coteaux se changent en plaines
et les défilés étroits en vallons !
Alors la gloire de l'Éternel sera révélée
et au même instant toute chair la verra ;
car la bouche de l'Éternel a parlé.
—Ésaïe 40.3-5

POUR PASSER À L'ACTION

- Au niveau personnel, quels sont les concepts de ce livre tirés de cultures différentes de la vôtre que vous devriez appliquer à votre vie ? Demandez à Dieu de vous aider à le faire puis de le raconter à un groupe (une classe d'école du dimanche, au conseil de l'église, dans une étude biblique ou une réunion de prière) ou à d'autres personnes.

- Les petites églises (ou les groupes de la MNI) peuvent lire le livre pendant une période déterminée et l'utiliser pour animer des discussions sur le livre ou une leçon d'éducation à la mission, en faisant le lien avec la situation de votre église locale.

- Les réseaux sociaux permettent à tout lecteur d'établir un lien personnel qui encourage à prier de manière spécifique et à faire des donations. Comment pouvez-vous (individuellement, dans un groupe ou dans une église locale) utiliser les réseaux sociaux pour communiquer avec des missionnaires ou des nazaréens dans d'autres pays ?

- Vos dons au Fonds pour l'évangélisation mondiale permettent à des missionnaires, comme ceux qui sont mentionnés dans ce livre, d'agir. Les fonds peuvent être utilisés directement pour payer leur salaire ou indirectement pour permettre le fonctionnement des écoles et des districts. Priez pour déterminer votre niveau de participation au Fonds pour l'évangélisation mondiale et demandez à Dieu de vous montrer d'autres moyens de vous engager.

- Par dessus tout, priez pour les personnes mentionnées dans ce livre et pour les personnes qui leur ressemblent. Intercédez pour les missionnaires nazaréens, pour les responsables des districts et des églises locales et pour les membres de milliers d'églises du Nazaréen dans le monde entier.

TABLE DE MATIÈRES

www.ingramcontent.com/pod-product-compliance
Lightning Source LLC
Chambersburg PA
CBHW071905020426
42331CB00010B/2676